POURQUOI FAUT-IL SOUFFRIR?

Le sens de la

souffrance chrétienne

Dan G. McCartney

Tables des matières

Introduction

Un problème universel

Mon Dieu, mon Dieu, pourquoi m'as-tu abandonné? Pourquoi *m'*as-tu abandonné!

Jésus s'est écrié de la sorte. Et vous? Je dirais que puisque vous lisez ce livre, il vous est déjà arrivé au moins à une ou deux reprises de vous retrouver face au sentiment paralysant que non seulement Dieu vous avait abandonné, mais qu'il cherchait vraiment à vous envoyer des épreuves. Si cela ne vous est pas encore arrivé, l'occasion se présentera sûrement. Et si vous entretenez une relation personnelle et honnête avec Dieu, vous crierez aussi à lui de temps à autre, rempli de confusion. Vous aurez parfois des questions qui sembleront presque blasphématoires.

Pourquoi mon père, un des hommes les plus gentils, les plus humbles et doux que j'ai connus, a-t-il dû endurer la longue agonie d'un cancer des os? Pourquoi mon ami, qui est un homme de Dieu déjà éprouvé par le cancer, doit-il en plus supporter le fardeau de la dépendance de son fils à la cocaïne? Pourquoi un enfant de quatre ans, adopté à la naissance et qui a grandi dans un foyer stable, a-t-il été séparé des seuls parents qu'il a connus pour être rendu à son père biologique par un juge, bien qu'une telle pratique soit contraire aux lois de l'État sur l'adoption? Et pourquoi ce père, ayant mené cette mascarade légale, a-t-il par la suite abandonné l'enfant? Pourquoi Dieu permet-il à des extrémistes qui se prétendent chrétiens de faire exploser des bâtiments remplis de petits enfants? Pourquoi tire-t-on sur de petits enfants dans les rues des villes lors des règlements de compte entre trafiquants de drogue? Pourquoi Dieu inflige-t-il, non pas une souffrance temporaire, mais une souffrance qui s'échelonne sur des *générations*, en enlevant une mère à ses jeunes enfants? Pourquoi Dieu permet-il des choses comme le génocide au Rwanda, la torture et l'exécution de millions de Juifs en Allemagne, le massacre des Arméniens en Turquie, la famine et les conflits en Somalie, ou la destruction de millions de bébés qui ne sont pas encore nés, par l'injection de sel dans leur cerveau, ou une quantité d'autres horreurs?

Ces questions sont déjà suffisamment difficiles. Mais elles le sont encore plus quand vous, ou quelqu'un que vous aimez, souffrez personnellement. Ces questions deviennent alors atroces. La souffrance soulève les plus grandes questions au sujet de la vie, du sens, de la réalité, de la vérité, de la personne. Il est normal de poser de telles questions. En réalité, il ne serait pas naturel de ne pas les poser. Nous reconnaissons instinctivement que la souffrance ne devrait pas exister. Nous savons que quelque chose *ne va pas*. La souffrance est un des mystères profonds et troublants de la vie. Certains mystères, comme le fait que certaines étoiles semblent être plus anciennes que l'univers, préoccupent les astrophysiciens, mais ne nous atteignent pas. Le mystère de la souffrance, par contre, nous concerne tous. C'est un problème universel.

Les chrétiens et les incroyants font face à ce mystère, mais c'est une question particulièrement cruciale pour les chrétiens, qui croient que Dieu est à la fois bon et tout-puissant. Rappelez-vous le commandement dans 1 Pierre : « soyez toujours prêts à vous défendre contre quiconque vous demande raison de l'espérance qui est en vous : mais (faites-le) avec douceur et crainte » (3.15). Ce commandement est inclus dans un passage qui parle de la souffrance! Être toujours prêt à donner la raison de notre espérance signifie qu'il faut être capables de faire face à ce problème.

Le sens de la souffrance n'est pas seulement important pour défendre le christianisme vis-à-vis du monde. Il s'agit peut-être de la question la plus difficile de toutes pour les chrétiens *eux-mêmes*.

Nous sommes psychologiquement incapables de renoncer à cette question. La souffrance est une réalité personnelle. Nous pouvons l'ignorer pour un temps, mais dès que nous souffrons, la question revient, plus pressante que jamais. Et lorsque nous, ou quelqu'un que nous aimons, souffrons gravement, que le monde semble avoir perdu son sens, et que Dieu est distant, la question nous dévore. La question « pourquoi? » devient « pourquoi *moi*? ». Comment *pouvons-nous* comprendre quelque chose qui semble si incompréhensible?

Les chrétiens doivent réfléchir à ces questions. La souffrance produit des émotions qui sont souvent embrouillées et incohérentes, et pour comprendre notre monde et mettre de l'ordre dans nos sentiments, il nous faut la vérité. Et pour trouver la vérité, nous devons nous tourner vers les Écritures.

Je dois dire dès maintenant que je ne crois pas que la Bible donne une réponse définitive à toutes les questions au sujet de la souffrance. Mais la Bible en parle souvent; elle nous montre comment concevoir la souffrance, et pointe vers une manière précise suivant laquelle Dieu *utilise* la souffrance.

En réalité, nous pourrions dire que la Bible est *le* livre qui traite de la souffrance. De l'origine de la souffrance lors de la Chute de l'humanité dans Genèse 3, jusqu'à sa défaite finale dans Apocalypse 21, les écrivains bibliques demandent continuellement pourquoi le peuple choisi de Dieu souffre, et comment il devrait réagir. L'esclavage d'Israël en Égypte, la souffrance d'Israël dans le désert, son oppression de la part de ses voisins, ses guerres récurrentes, les sécheresses et l'exil, toutes ces choses présentent des difficultés pour les auteurs bibliques. C'est en réalité la question de la souffrance qui a suscité la plupart des textes bibliques. Et ce ne sont pas uniquement les labeurs collectifs dont il est question. Les souffrances personnelles de Job, les épreuves des psalmistes et les persécutions des prophètes sont autant de raisons d'interroger Dieu encore et encore. Et le Nouveau Testament parle non seulement de la souffrance du peuple de Dieu, mais également de la question brûlante de la raison de la souffrance du Fils unique de Dieu.

Après presque deux mille ans de méditation théologique, la souffrance de Christ ne nous semble pas si problématique. Mais pour les chrétiens du premier siècle, la souffrance du Messie constituait une énorme occasion de chute. Vous rappelez-vous comment Pierre a réagi quand Jésus a déclaré pour la première fois qu'il allait souffrir et mourir? « Certainement pas, Jésus – tu ne peux pas faire ça; Dieu ne le permettrait jamais. » Comment Dieu pouvait-il permettre que le conquérant qu'il avait envoyé soit mis à mort par Rome – et de manière aussi ignoble? Les réponses de la Bible concernant la souffrance ne sont jamais simples, mais elles nous aident à mettre nos propres souffrances en perspective et à apprendre à faire confiance à Dieu.

Ce livre se concentrera sur certains passages clés des Écritures pour répondre aux « pourquoi » de la souffrance. Premièrement, en réponse à la question « pourquoi la souffrance existe-t-elle? », le premier chapitre se penchera sur Genèse 3. Après avoir vu de quelle manière Dieu et la souffrance sont reliés (chapitre 2), je considérerai la raison pour laquelle la souveraineté de Dieu est importante pour le sujet, d'abord de manière générale (chapitre 3), puis avec une attention spéciale portée à Job et au problème de la souffrance *injuste* (chapitre 4). Les chapitres 5 à 8 abordent plus précisément la raison pour laquelle les *chrétiens* souffrent, particulièrement en considérant 1 Pierre. Pour finir, je parlerai de la manière dont nous pouvons supporter la souffrance (chapitre 9) en examinant certains psaumes qui sont très utiles pour ceux qui souffrent (chapitre 10).

CHAPITRE 1

Pourquoi la souffrance existe-t-elle?

Un regard sur Genèse 3

Si vous croyez en Dieu, vous avez un problème. Si Dieu est à la fois bon et tout-puissant, comment est-il possible que la souffrance existe dans le monde? Pourquoi Dieu le permet-il? N'aurait-il pas pu créer un monde parfait exempt de souffrance et de mort? Ce ne sont pas des questions abstraites pour les théologiens – ce sont des questions qui nous préoccupent profondément, particulièrement lorsque nous sommes personnellement confrontés à la souffrance. Mais avant de pouvoir répondre à ces questions, nous devons réfléchir à ce qu'est la souffrance.

Qu'est-ce que la souffrance?

Si vous souffrez en ce moment, vous penserez sans doute que cette question est stupide. Mais faire l'expérience d'une chose et posséder des connaissances sur le sujet sont deux réalités différentes. La souffrance ne comporte pas seulement de la douleur. D'habitude, la douleur est une bonne chose. Elle protège le corps, développe les réflexes et la coordination, et apprend au corps ce qu'il faut éviter. Le livre classique de Philip Yancey, *Where Is God When It Hurts*[1], contient un chapitre exhaustif au sujet du fonctionnement du système nerveux qui montre à quel point il est excellent pour le fonctionnement du corps. D'ailleurs, quand le système nerveux cesse de fonctionner, comme dans le cas de la lèpre (la maladie de Hansen), c'est dévastateur pour le corps.

Si nous disions : « Oui, la douleur est bonne, mais pourquoi doit-elle faire *mal*? », la réponse est qu'elle doit faire mal, sinon nous n'y prêterions pas attention. Dieu savait ce qu'il faisait quand il a créé le système nerveux qui ressent la douleur.

Ce n'est que récemment que la douleur elle-même a commencé à être considérée comme quelque chose que nous ne devrions pas expérimenter. Dans l'Amérique moderne, nous pensons que nous méritons d'être isolés de toute douleur, même de la douleur accidentelle, ou celle causée par notre propre folie, et nous portons plainte pour « peine et souffrance », même si nous en sommes principalement responsables. Mais durant la majeure partie de l'histoire de l'humanité, la douleur a été considérée comme faisant simplement partie de la vie.

Étrangement, ma propre expérience avec la douleur physique extrême n'a pas soulevé les mêmes questions que celles suscitées face au mal. Quand je me tordais par terre à huit mille kilomètres de chez moi, et que je hurlais à m'en arracher la tête, je ne me demandais pas « pourquoi? » et je ne me posais aucune autre question compliquée. Ma pensée ne pouvait gérer autre chose que : « Dieu, s'il te plait, fais en sorte que la douleur cesse! » J'étais incapable de me demander si Dieu était vraiment là, ou si j'étais en train d'être puni. Je ne débattais d'aucune autre question théologique non plus. Cependant, lorsque j'ai connu la souffrance à cause du mal, alors toutes sortes de questions me sont venues à l'esprit.

Notre véritable problème n'est pas la douleur, mais la douleur qui n'a pas d'explication, qui semble arbitraire, ou encore la douleur causée volontairement par d'autres, et par-dessus tout, la douleur *mortelle*, celle qui conduit à la mort. L'*oppression*, ou la douleur physique ou mentale, infligée gratuitement par d'autres personnes ou par des puissances démoniaques, voilà ce qu'est le mal. Si vous cherchez le mot « souffrir » dans le Nouveau Testament, vous remarquerez qu'il n'est jamais utilisé pour désigner la souffrance seule; la souffrance fait toujours référence à l'oppression, ou à une situation causée par la méchanceté[2]. D'ailleurs, la plupart du temps, le terme fait référence aux souffrances de Christ, ou à la souffrance que les chrétiens subissent parce qu'ils appartiennent à Christ. Elle peut être physique, mais implique également le fait d'être calomnié ou la rupture de relations familiales. L'Ancien Testament hébreu ne possède pas d'équivalent du mot grec pour « souffrir ». Mais les termes les plus évocateurs, traduits par « affliction », « épreuve », « oppression » ou « malheur », indiquant la pauvreté ou toute situation humiliante, sont très communs. Ils suggèrent également une condition causée par le mal. Lorsque nous vivons de l'affliction et de l'oppression, lorsque la douleur se déchaine et qu'elle semble gratuite, et quand le mal est clairement présent, c'est alors que les questions surviennent. C'est alors que nous commençons à remettre en question ce que nous connaissons au sujet de Dieu – sa sagesse, sa justice, sa bonté, sa souveraineté, et même son existence.

La douleur et la souffrance se distinguent également par le fait que la douleur est ressentie dans le corps et peut être bonne ou mauvaise, alors que la souffrance est ressentie dans l'*être*, la personne, l'« âme », le « moi ». C.S. Lewis l'a exprimé ainsi : « Le fait non seulement de souffrir, mais celui d'être obligé de penser sans cesse au fait qu'on souffre[3]. » La souffrance est la réponse de l'âme devant le mal. Si nous souffrons, c'est peut-être à cause du mal, de la perturbation ou de l'aliénation du corps (souffrance physique). Mais il s'agit probablement plutôt du sentiment d'aliénation ressentie vis-à-vis des autres, en tant que victime de l'oppression, du racisme, de la haine, d'un mariage brisé, d'une trahison, d'un abandon, ou de la déshumanisation. Ou peut-être sommes-nous aliénés en nous-mêmes, par la dépression, un traumatisme, la jalousie, la haine de soi, une psychose, le désespoir ou l'humiliation. Et par-dessus tout, nous nous sentons peut-être abandonnés et séparés de Dieu. Toutes ces choses constituent l'expérience de l'âme face au mal. D'où viennent toutes ces souffrances causées par le mal?

L'origine de la souffrance humaine

Pour les chrétiens, cette question *semble* facile. La Bible y répond clairement dès le début. En réalité, il s'agit du premier problème abordé après le récit de la Création. La plupart des lecteurs de ce livre connaissent déjà l'histoire de Genèse 3, qui raconte comment Adam et Ève ont voulu déclarer leur indépendance vis-à-vis de Dieu, et comment la race humaine a été maudite en conséquence. Ce que bien des gens ne réalisent pas, par contre, c'est que cette histoire de l'origine de la souffrance humaine renferme les ingrédients du *remède* de Dieu contre la souffrance. La première malédiction, la plus importante, est tombée non pas sur les individus, mais sur le Serpent.

L'Éternel Dieu dit au serpent : Puisque tu as fait cela, tu seras maudit entre tout le bétail et entre tous les animaux de la campagne, tu marcheras sur ton ventre, et tu mangeras de la poussière tous les jours de ta vie. (v. 14-15)

L'histoire ne concerne pas le moyen de locomotion du serpent; elle concerne l'humiliation et la malédiction de Satan, le grand ennemi de Dieu et de l'humanité. Dieu n'allait pas permettre à l'humanité d'être l'animal domestique de Satan. Dieu s'est donc d'abord occupé de celui qui avait causé le mal en lui déclarant la guerre. Dieu est un Dieu de paix, mais il ne fait pas la paix avec

Satan. C'est en fait *parce que* Dieu est un Dieu de paix qu'il est en guerre et nous engage dans cette guerre contre Satan. Paul dit aux chrétiens de Rome que « le Dieu de paix écrasera bientôt Satan sous *vos* pieds (Romains 16.20). Dieu est en train de remporter la guerre et il l'a même déjà remportée, parce que l'Homme Jésus-Christ a écrasé la tête de Satan par sa crucifixion et sa résurrection; et pourtant, les chrétiens ont les pieds qui baignent dans le sang. La guerre n'est pas du tout confortable – elle cause beaucoup de souffrance, y compris aux vainqueurs. Satan n'épargne rien dans cette guerre. Il déteste l'humanité parce qu'elle lui rappelle Dieu, et cette humanité, l'« image de Dieu », est donc devenue la cible de Satan pour « se venger » contre Dieu. Mais nous devons également nous rappeler que l'humanité est aussi une source d'irritation pour Satan.

La souffrance dans les relations

Satan n'est pas le seul qui ait été maudit. Dieu a également maudit l'homme et la femme rebelles. Il a d'abord dit à la femme : « J'augmenterai la souffrance de tes grossesses, tu enfanteras avec douleur, et tes désirs se porteront vers ton mari, mais il dominera sur toi » (v. 16, version Segond).

Voilà l'origine de la souffrance par la perturbation des relations humaines. À la place de l'harmonie dans le mariage, il y aura de l'oppression et de la tyrannie. Une ombre voilera la joie de la procréation à cause de l'incroyable douleur et du danger qui s'y ajoutent. Notez en passant que lorsque la femme est maudite dans Genèse 3, Dieu dit qu'il *augmentera* la souffrance de la grossesse, ce qui suggère que la douleur existait même avant la Chute. Mais elle est devenue souffrance après notre rébellion. Et peut-être que les « douleurs accrues de l'enfantement » font référence non seulement à la douleur physique, qui dure d'habitude quelques heures, mais aussi à la souffrance qui consiste à élever des enfants.

Bien que cette malédiction soit adressée à la femme, elle concerne plus que la moitié féminine de l'humanité. La malédiction sur les relations humaines signifie non seulement que le mariage sera désaccordé et que les femmes seront opprimées, mais que toutes les relations dans les familles et entre les individus sont brisées. Des maris maltraitent leur femme, et des femmes manipulent leur mari. Le « fossé intergénérationnel » n'est pas propre à notre siècle; parents et enfants se sont plaints les uns des autres depuis des millénaires. Et nous voyons dans le prochain chapitre de la Genèse que les rivalités entre frères mènent au fratricide. La famille est sans doute le lieu où le plus grand nombre de souffrances sont infligées, plus que dans n'importe quel autre contexte social.

La souffrance jusqu'à la mort

Enfin, Dieu maudit Adam, qui représente ici tous les humains, à cause de sa rébellion.

Il dit à l'homme : Parce que tu as écouté la voix de ta femme et que tu as mangé de l'arbre dont je t'avais défendu de manger, le sol sera maudit à cause de toi. C'est avec peine que tu en tireras ta nourriture tous les jours de ta vie, il te produira des chardons et des broussailles, et tu mangeras de l'herbe de la campagne. C'est à la sueur de ton visage que tu mangeras du pain, jusqu'à ce que tu retournes dans le sol, d'où tu as été pris; car tu es poussière, et tu retourneras à la poussière (v. 17-19).

Certaines personnes ont observé que Dieu a maudit le sol, et non l'homme. C'est pourtant bien une malédiction pour l'homme, parce qu'elle aura pour conséquence que l'humanité entière connaitra une vie difficile qui aboutira finalement à la mort. Le travail, au lieu d'être un plaisir, est devenu frustrant et ingrat. Plutôt que collaborer avec l'humanité, la terre donne avec réticence le fruit du labeur et dresse de nombreux obstacles qui empêchent de se réjouir du travail. Même le meilleur emploi a ses épreuves, ses revers et ses frustrations. L'humanité, de son côté, est devenue destructrice envers la source même de la subsistance (la terre), tuant gratuitement et polluant pour des gains économiques à court terme. Et bien sûr, la malédiction ultime est la mort, l'apogée de la souffrance. Jusqu'à la fin du monde, les gens mourront de manière horrible. Il n'y a aucune issue.

La souffrance et la rédemption

Voici la leçon principale de Genèse 3 : Dieu a décrété la souffrance! C'est le résultat de sa malédiction. La souffrance n'est pas hors de sa domination, ni hors de son contrôle. Mais notez également que la souffrance n'est pas simplement punitive. Elle est aussi *rédemptrice*. La souffrance n'est pas un coup vengeur que Dieu inflige à l'humanité pour sa désobéissance; Dieu l'utilise pour restaurer la justice dans sa création et pour nous sauver de la mauvaise situation dans laquelle nous nous sommes placés.

Nous pouvons le déduire à partir des malédictions elles-mêmes. La malédiction du Serpent (qui implique également la souffrance pour la progéniture de la femme) est ce qu'on appelle parfois le « protoévangile », la première mention du Rédempteur. Le descendant de la femme écrasera la tête de Satan. La guerre avec Satan est le premier rapport de paix avec Dieu. La délivrance du péché et de ses conséquences viendra de ces conséquences mêmes.

Un peu plus tard, Adam et Ève ont été chassés du Jardin et se sont vu refuser l'accès à l'arbre de vie. La malédiction les a condamnés à la mort. Mais il s'est avéré que l'acte le plus rédempteur qui soit a été la mort, la mort de l'Être humain par excellence, Jésus-Christ. En *prenant lui-même la malédiction, Dieu a transformé la malédiction en rédemption, incluant la malédiction dont nous faisons l'expérience dans notre propre souffrance.* Nous reviendrons à cette idée plus tard, mais il faut noter que si nos premiers parents avaient pu manger de cet arbre et vivre pour toujours, il n'aurait pu y avoir de mort rédemptrice, et comme eux, nous aurions continué à vivre séparés de Dieu à jamais.

Même la malédiction de la femme, selon 1 Timothée 2.15, est un moyen de salut. La phrase énigmatique « elle sera néanmoins sauvée en devenant mère » ne veut pas dire qu'une femme est sauvée spirituellement en portant elle-même un enfant, mais que puisqu'elle est liée à Ève, les femmes participent au salut par *la* grossesse, la venue de Jésus, la « postérité de la femme » qui écraserait la tête du Serpent, selon la promesse de Genèse 3.15[4]. Je pense qu'il s'agit également d'un rappel que les femmes connaissent une douleur unique. C'est une douleur extrêmement intense (selon ce que j'ai entendu), mais une joie survient après cette souffrance. Cela nous rappelle une autre déclaration de Paul affirmant que « c'est par beaucoup de tribulations qu'il nous faut entrer dans le royaume de Dieu » (Actes 14.22).

Le mal et la souffrance

Mais la souffrance n'est-elle pas mauvaise? Oui, dans la mesure où le mal est à la racine de toute souffrance. La méchanceté humaine ou la méchanceté démoniaque se trouvent derrière toute souffrance. Même la maladie peut être classée dans la catégorie de l'oppression par Satan – c'est un esclavage (Luc 13.16).

Comme le souligne Peter Kreeft[5], il y a trois principales sortes de mal : la souffrance, qui est un manque d'harmonie ou une aliénation entre notre être corporel et le monde physique; la mort, qui est un manque d'harmonie, une aliénation ou une séparation entre l'âme et le corps; et le péché qui est un manque d'harmonie ou une aliénation entre l'âme et Dieu. Puisque nos corps font partie du monde, la souffrance est mortelle, et la mort est la souffrance ultime. Le péché, la mort et la souffrance nous séparent de Dieu, de nos corps et du monde.

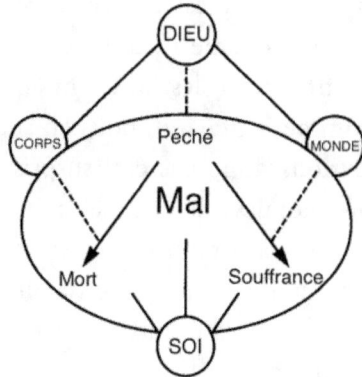

La souffrance est mauvaise, parce que le mal constitue tout « bris de ce qui est bon ». Mais si la souffrance est mauvaise, comment Dieu peut-il la permettre? Il n'y a pas de réponse complète à cette question, mais il faut dire dès maintenant que la Bible affirme que Dieu peut *utiliser* le mal, y compris la souffrance, à ses propres fins (Genèse 50.20), même lorsque nous ne pouvons savoir en quoi consiste ces fins.

C'est là que nous devons commencer. La souveraineté de Dieu est la toile de fond nécessaire pour comprendre ce que la Bible dit au sujet de la souffrance. Si Dieu n'a pas le contrôle sur le mal, alors le mal est simplement insensé et absurde et il serait stupide de demander : « Pourquoi la souffrance existe-t-elle? » J'en dirai davantage à ce sujet plus tard. Mais à la question générale : « pourquoi la souffrance existe-t-elle? », je réponds que *la souffrance est toujours une conséquence de la malédiction*. Elle est donc indirectement la conséquence de notre nature pécheresse.

La souffrance est parfois la conséquence directe de notre propre péché (Jérémie 13.22). C'est logique. Si nous cherchons à « enfreindre » les lois physiques que Dieu a mises en place (comme la gravité), nous en subissons les conséquences. Nous ne devrions donc pas être surpris de découvrir que la violation des lois morales de Dieu entraine aussi des conséquences néfastes, pour nous et pour les autres. Notre société nous encourage à nous dégager de toute responsabilité et le danger consiste à devenir aveugle au fait que notre propre péché est la cause de notre souffrance.

D'un autre côté, la cause *directe* de notre souffrance dans cette vie peut être, et est probablement le plus souvent, le péché de quelqu'un d'autre ou même celui de personne en particulier. Il est évident que les gens qui ont souffert lors de l'attentat à la bombe d'Oklahoma City n'ont pas souffert à cause de leur propre péché; ils ont souffert à cause du péché d'un autre. Il y a souvent peu de rapport entre une situation particulière de souffrance et un péché identifiable de la part de celui qui souffre.

Mais notre prédisposition à la souffrance, de même que les causes ultimes des souffrances en général, viennent de la Grande Rébellion de l'humanité. Jésus a fait remarquer (Luc 13.1-5) que les Galiléens que Pilate avait assassinés gratuitement n'avaient pas souffert parce qu'ils étaient particulièrement mauvais; ils ont souffert parce que la souffrance est le lot de l'humanité déchue.

Pensez-vous que ces Galiléens aient été de plus grands pécheurs que tous les autres Galiléens, parce qu'ils ont souffert de la sorte? Non, vous dis-je. Mais si vous ne vous repentez pas, vous périrez tous de même. Ou bien, ces dix-huit personnes sur qui est tombée la tour de Siloé et qu'elle a tuées, pensez-vous qu'elles aient été plus coupables que tous les autres habitants de Jérusalem? Non, vous dis-je. Mais si vous ne vous repentez, vous périrez tous pareillement (v. 2-5).

La souffrance nous dit que quelque chose ne va pas. S'il n'y avait pas de souffrance, qui d'entre nous se préoccuperait de Dieu et du bien-être des autres? L'immensité écrasante de la souffrance, le fait qu'elle soit *tellement* présente devrait nous donner une indication de l'ampleur de ce qui ne va pas dans le monde, et de l'énormité du péché de l'humanité.

Si nous retournons maintenant à notre question : « pourquoi Dieu a-t-il permis le péché? », bien que nous ne puissions pas donner de réponse entière et définitive, nous pouvons énoncer certaines idées. Paul nous dit que Dieu a permis le péché parce que le processus de rédemption du péché susciterait un plus grand honneur, un genre de stupéfaction devant l'ampleur de la grâce de Dieu (voyez par exemple Romains 5.20). Comme les théologiens du Moyen Âge le soulignaient, l'unité des chrétiens avec leur Dieu en l'Homme-Dieu Jésus-Christ était en quelque sorte le résultat du péché de l'humanité. Mais même avec ces « réponses », nous ne pouvons savoir complètement pourquoi Dieu permettrait le péché dans cet univers. Nous ne pouvons que le remercier de l'avoir vaincu.

La souffrance seule, par contre, n'est pas notre plus grand problème. Voilà une question plus cruciale encore : « Pourquoi y a-t-il de la souffrance *injuste*? » Nous considérerons cette question dans le prochain chapitre.

Pour poursuivre la réflexion

1. Avez-vous connu une grande souffrance? Qu'est-ce qui a soulevé les questions les plus sérieuses dans votre vie? Comment y avez-vous fait face?

2. Êtes-vous d'accord avec l'idée que « si vous croyez en Dieu, vous avez un problème »? Expliquez.

3. Quelle est la différence entre la douleur et la souffrance? La maladie mentale et la dépression psychologique sont-elles une forme de souffrance?

4. Commentez le fait que la souffrance est un résultat de notre état pécheur, mais pas nécessairement un résultat de notre propre péché.

5. Comment pouvez-vous savoir si votre souffrance est le résultat direct de votre propre péché?

6. Est-ce que toute souffrance est mauvaise? Expliquez.

7. « La souffrance nous dit que quelque chose ne va pas. » Comment? Est-il profitable de le savoir?

CHAPITRE 2

La souffrance et Dieu

La Bible affirme que Dieu est bon, aimant, doux et miséricordieux. Dieu déteste le mal. De plus, la Bible affirme que Dieu est omnipotent (c'est-à-dire qu'il est *capable* de faire tout ce qu'il veut) et qu'il est totalement souverain (c'est-à-dire qu'il *fait* tout ce qu'il veut). Il est donc capable d'éliminer le mal et la souffrance, et pourtant le mal et la souffrance existent dans le monde. Ces vérités semblent contradictoires, n'est-ce pas?

L'anthropologue légiste Douglas Ubelaker raconte une histoire[6] au sujet d'une jeune femme qui, en 1977, a été enlevée, violée et tuée à peine une semaine avant le jour où elle devait se marier. Environ six mois plus tard, le tueur a apporté à la police la tête de la fille dans un sac de plastique, disant avoir eu un rêve au sujet du meurtre. Après une interrogation pointue menée par les policiers, il a confessé, puis d'autres preuves ont également confirmé qu'il était le tueur. Mais plus tard, il a changé son histoire et a plaidé innocent. Seule la confession est une preuve suffisante selon la loi de la Floride pour prouver que la mort a été causée par un geste criminel, ou qu'il est le résultat d'un acte criminel. Malgré l'impact de la balle dans le crâne de la victime, le juge William Rowley a décidé que la preuve d'un geste criminel était insuffisante et a fermé le dossier. Le meurtrier a été libéré et ne peut être jugé à nouveau. Qu'auriez-vous dit au fiancé de la jeune femme, qui a été témoin de ce fiasco judiciaire? Comment pourriez-vous le convaincre que Dieu est à la fois tout-puissant et bon?

Le problème peut même être présenté de manière plus pointue. Auschwitz nous fait frissonner d'effroi parce qu'il s'agit d'une action *délibérée*. Comment des individus (les nazis étaient des individus, après tout) ont-ils pu infliger volontairement une souffrance si incroyable à des millions de personnes, incluant de petits enfants? Mais pour le chrétien qui croit en la souveraineté de Dieu, ce problème est mille fois plus grand. Comment Dieu peut-il *volontairement* infliger ces souffrances à des *milliards* de personnes, incluant de petits enfants? En n'agissant pas quand il le peut, il le permet volontairement, en tout cas. Et parfois, on dirait même qu'il l'a manigancé.

En octobre 1990, une fillette de dix ans, Charity, est allée faire du patin à roulettes avec ses amis à environ sept kilomètres de chez elle. Sa mère était partie pour la soirée, et avait engagé quelqu'un pour garder ses deux plus jeunes enfants. Charity devait appeler la gardienne pour qu'elle vienne la chercher lorsque la patinoire fermerait. Quand la patinoire a fermé, ses amis sont partis avec leur père. Une demi-heure plus tard, elle a marché vers un Hardees qui se trouvait à proximité et a demandé quelle heure il était. À environ une heure du matin, la personne qui fermait le Hardees a remarqué qu'elle était assise sur le trottoir. C'est la dernière personne à l'avoir vue vivante. Son corps a été retrouvé quelques jours plus tard – elle avait été violée et étranglée. Pourquoi Charity n'a-t-elle pas téléphoné à la maison? Il s'avère que le frère et la sœur de Charity avaient fait tomber le combiné du téléphone en jouant, et la gardienne ne l'a jamais remarqué. Après que les enfants aient été couchés, la gardienne s'est endormie et c'est seulement quand la mère de Charity est rentrée à la maison qu'ils ont réalisé que quelque chose n'allait pas[7].

Quand j'ai lu cette histoire pour la première fois, j'ai vécu une sorte de crise de foi. Quel pourrait être l'intérêt pour Dieu de décréter une série d'évènements qui produirait cette séquence exacte, entrainant cette tragédie pour conséquence? Si les enfants n'avaient pas bousculé le combiné, ou si la gardienne ne s'était pas endormie, ou si les amis de Charity l'avaient raccompagnée, ou si sa mère était rentrée un peu plus tôt, ou si un violeur meurtrier ne s'était pas trouvé dans les environs à ce moment précis, alors ce mal horrible ne lui serait jamais arrivé. Dieu est-il une sorte de sadique cosmique qui conspire contre des petites filles de dix ans pour qu'elles souffrent et meurent?

Dieu est-il tout-puissant?

Une manière de résoudre le problème consiste à démentir que Dieu est tout-puissant. Bien des gens ont choisi cette approche, mais le plus connu est sans doute le rabbin Kushner dans son livre *Pourquoi le malheur frappe ceux qui ne le méritent pas*[8]. Cherchant à faire face à la mort de son fils, Kushner en a conclu que Dieu est en fin de compte incapable d'arranger les choses. Selon Kushner, Dieu est important pour nous parce qu'il est un ami qui ressent les choses avec nous, qui donne une direction à nos plus profondes aspirations et nous console dans nos plus profonds désespoirs. De «mauvaises choses arrivent à de bonnes personnes» parce que le monde est ainsi fait. Dieu n'est pas responsable de nos souffrances; il est plutôt un ami qui se tient avec nous au milieu de nos souffrances.

Kushner en vient à des interprétations plutôt étranges de la Bible pour soutenir sa position. Par exemple, ce que Dieu dit à Job dans Job 40-41 ne constituerait pas une expression de sa souveraineté; Dieu est en réalité en train de dire à Job qu'il a des difficultés à diriger le monde et qu'il ne peut pas toujours empêcher que des choses mauvaises se produisent au milieu de ce chaos. Kushner dit : «Essayer d'expliquer l'Holocauste ou n'importe quelle souffrance comme étant d'origine divine, c'est se mettre du côté du tortionnaire plutôt que de celui de la victime et prétendre que Dieu joue le même manège[9]. »

La solution du rabbin Kushner est faussée par sa question, bien entendu. Bien des chrétiens ont souligné que la question ne devrait pas être *pourquoi de mauvaises choses arrivent-elles à de bonnes personnes?*, mais plutôt *pourquoi de bonnes choses arrivent-elles à de mauvaises personnes?* Cela peut sembler banal, mais je ne pense pas que ce genre de réponse facile aurait suffi à Job. De plus, il y a eu *une* bonne personne, et elle a souffert plus que quiconque. Et même parmi nous qui sommes pécheurs, la répartition de la souffrance semble terriblement inégale – des gens très méchants ont souffert très peu dans leur vie, alors que les bienveillants, les doux et les pieux souffrent souvent beaucoup. Le simple fait d'identifier les lacunes dans la question de Kushner ne réglera pas le problème.

Le livre de Kushner s'est vendu à des millions d'exemplaires. Il a vraisemblablement mis le doigt sur une corde sensible, et sa propre expérience relativement à la mort de son fils lui donne une crédibilité qui attire les gens. Pourquoi son livre est-il si apprécié? Je pense que c'est parce qu'il offre une solution au problème que vivent ceux qui croient en Dieu. Dieu peut être un ami sans être aucunement responsable de nos souffrances, que ce soit par ses actions ou par son inaction. Le Dieu de Kushner est accessible, aimable, amical – un dieu auquel nous pouvons nous identifier, quelqu'un qui partage notre situation de souffrance et d'impuissance. Dans son modèle, la prière ne change pas les circonstances; elle nous change *nous*. La religion nous sensibilise à la douleur des autres et nous donne la force de passer à travers la souffrance en affermissant notre amour-propre.

Il est vrai que la prière nous rend sensibles aux autres, et nous donne de la force, mais ce dieu n'est pas le Dieu de la Bible. À quoi bon un dieu qui ne peut rien faire, à part se lamenter et compatir? Les auteurs bibliques priaient un Dieu souverain qui *peut* résoudre la situation. Même Jésus, dans son agonie, a prié Dieu, sachant que le problème ne concernait pas la puissance de Dieu, mais sa volonté : « Non pas ce que je veux, mais ce que tu veux. »

Le rabbin Kushner n'est pas le seul qui ait essayé de faire face au problème de la souffrance en voulant faire de Dieu un être moins qu'omnipotent. Dans la tradition chrétienne, Douglas John Hall a redéfini Dieu de manière très timide[10]. D'ailleurs, le Dieu « orthodoxe » qui est tout-puissant est repoussant pour Hall, parce que cela voudrait dire que Dieu est une divinité incroyablement monstrueuse, cruelle, et qui inflige de manière arbitraire d'épouvantables tortures à ses créatures impuissantes. Dieu n'est pas le tout-puissant; il est celui qui souffre. Hall a un certain avantage sur Kushner, parce qu'il peut pointer vers Jésus sur la croix et dire : « Dieu sait ce que c'est que de souffrir – il a souffert lui-même, et il peut donc s'identifier à nous », ce qui est bien sûr vrai, et c'est un grand réconfort pour les chrétiens. Contrairement à Kushner, Hall essaie de prendre le péché humain au sérieux. Mais une fois de plus, le dieu impuissant qu'il présente n'est pas le Dieu de la Bible. Les auteurs bibliques, même lorsqu'ils sont médusés quand Dieu n'accorde *pas* son secours, restent complètement confiants que Dieu *peut* secourir.

Dieu est-il bon?

Une autre manière de résoudre le dilemme consiste à démentir la bonté de Dieu. C'est ce que les gnostiques ont fait au deuxième siècle. Ils pensaient que le Créateur de ce monde était mauvais. Selon eux, le Dieu du salut était différent du Dieu Créateur. Mais la Bible évoque constamment la bonté de Dieu. Deutéronome 32.4 n'est qu'un texte parmi plusieurs. Le simple fait de se demander si Dieu « est à la hauteur » de notre standard de bonté suppose que *nous* décidons de ce standard, et non pas Dieu. Si notre standard de bonté n'est pas Dieu lui-même, ce standard doit donc être en nous-mêmes, ce qui signifie qu'il n'y a en fait *aucun standard* du tout et que le mot « bonté » est un terme vide de sens.

La souffrance est-elle réelle?

La troisième option consiste à nier que la souffrance existe. C'est l'approche du mouvement de la Science chrétienne. La souffrance n'est qu'une illusion qu'il nous faut surmonter, en remplaçant l'illusion de la souffrance par la « réalité » de la non-souffrance.

Il y a heureusement peu de gens qui ont une imagination assez fertile pour prétendre qu'il n'y a pas de souffrance. De plus, les adhérents à ce mouvement tombent malades et meurent comme les autres. Et si nous ressentons l'illusion de la souffrance, ne souffrons-nous pas quand même de cette illusion?

Cette approche produit d'horribles pressions sur les gens qui souffrent réellement. Ils se sentent coupables de ne pas avoir assez de foi pour « reconnaitre » qu'ils ne souffrent pas. Cela permet aussi à ceux qui ne souffrent pas d'être satisfaits d'eux-mêmes, sans éprouver de compassion pour ceux qui souffrent. Ce mouvement attire les riches et ceux qui sont en bonne santé. Cette religion perverse permet aux gens de rejeter toute notion de responsabilité envers les pauvres, étant convaincus que ceux qui souffrent sont simplement ignorants. En un mot : « Il se rit des plaies, celui qui n'a jamais reçu de blessures[*]. »

Une variation un peu affinée de cette approche, et qui attirera davantage de véritables chrétiens, consiste à redéfinir la souffrance comme un simple échec à accepter ce qui nous arrive. La souffrance est donc une question d'attitude mentale. Cette approche est plus séduisante parce qu'elle renferme un fond de vérité – la souffrance est effectivement une réalité mentale. La dépression profonde est une forme terrible de souffrance, et n'est souvent reliée à aucune origine externe évidente. Mais considérer la souffrance comme étant *seulement* une question de disposition mentale nie la réalité du mal.

Le bouddhisme constitue la forme suprême de cette approche, et déclare que la souffrance n'est que le gouffre entre ce que j'ai et ce que je désire. Pour se débarrasser de la souffrance, il faut se débarrasser de tout désir (incluant celui de ne pas souffrir). Le nirvana, la fin de la souffrance, est l'extinction de tout désir. Peter Kreeft souligne le fait que cela revient à tuer le patient dans le but de guérir la maladie, une sorte d'euthanasie spirituelle[11]. De plus, cette approche isole complètement Dieu de ce monde, il devient simplement une chose intellectuelle, qui n'a aucun rapport avec le monde dans lequel nous vivons.

Si nous choisissons une de ces approches, notre dieu n'est pas vraiment le Dieu de la Bible. Ainsi, selon l'argument classique, l'existence du mal réfute l'existence du Dieu de la Bible. Mais nous pourrions souligner le fait qu'aucune alternative au christianisme n'a de *réponse* à la souffrance, ni à notre conviction qu'il s'agit d'une chose mauvaise en soi. Sans Dieu, la souffrance

---

[*] N.D.É. Il s'agit d'une citation de la pièce *Roméo et Juliette*, de Shakespeare.

est simplement présente; elle ne *signifie* rien, et le fait qu'elle ne semble pas être une bonne chose n'est après tout qu'une question d'opinion.

La souffrance et le sens

Peu de livres dans notre siècle communiquent de manière plus vive l'horreur du mal que *La nuit*, d'Élie Wiesel[12]. Le livre raconte simplement une histoire. Mais l'histoire soulève de manière intense le problème humain : d'un côté le spectre du mal est rarement perçu si clairement; de l'autre, toute raison de penser que le bien et mal ont un sens est éliminée. Wiesel raconte comment son âme a été détruite la première nuit qu'il a passée en camp de concentration :

> Jamais je n'oublierai cette nuit, la première nuit de camp qui a fait de ma vie une nuit longue et sept fois verrouillée. Jamais je n'oublierai cette fumée. Jamais je n'oublierai les visages des petits enfants dont j'avais vu les corps se transformer en volutes sous un azur muet. Jamais je n'oublierai ces flammes qui consumèrent pour toujours ma Foi. Jamais je n'oublierai ce silence nocturne qui m'a privé pour l'éternité du désir de vivre. Jamais je n'oublierai ces instants qui assassinèrent mon Dieu et mon âme et mes rêves qui prirent le visage du désert. Jamais je n'oublierai cela, même si j'étais condamné à vivre aussi longtemps que Dieu lui-même. Jamais[13].

Wiesel avait quinze ans. Un peu plus tard, après avoir vu un enfant être lentement pendu, il a entendu quelqu'un dans le camp demander : « Où est le bon Dieu, ou est-il? » Wiesel dit : « Où il est? Le voici – il est pendu ici, à cette potence[14]... »

Il y a évidemment beaucoup de mal dans le monde. Et pourtant, en dehors du fait qu'il soit émotionnellement choquant et qu'il nous rende inconfortables, quelle raison Wiesel pouvait-il invoquer pour suggérer que les nazis avaient tort ? Seule la croyance en une moralité décrétée divinement, qu'il a rejetée devant les horreurs morales dont il a été témoin, peut constituer le fondement pour déclarer qu'un tel comportement est absolument mauvais. Et sans cette croyance, le mot « mal » n'a aucun sens réel. Ce n'est qu'un terme qui fait référence à quelque chose que je n'aime pas.

Dieu et le sens

D'un autre côté, l'existence de la souffrance et du mal, bien qu'il s'agisse d'un énorme problème, veut dire quelque chose si nous reconnaissons que Dieu existe. La question « pourquoi y a-t-il de la souffrance ? » présuppose que Dieu existe et que la souffrance a un sens. Quand une chose a un sens, elle sert à pointer vers quelque chose d'autre. Si la souffrance *veut dire* quelque chose, il nous faut donc regarder, au-delà de la souffrance en tant que telle, à Celui qui lui donne son sens. Sans Dieu, la question « pourquoi y a-t-il de la souffrance ? » est inutile, parce qu'il ne peut y avoir de « pourquoi ? » concernant la souffrance, ou quelque autre mal que ce soit. Les humains demandent instinctivement « pourquoi ? », parce que d'instinct ils savent que le Dieu souverain devrait être bon. Quand nous cessons de demander pourquoi, notre humanité meurt un peu. François Mauriac, dans la préface de *La nuit* de Wiesel, décrit la gravité de Wiesel plusieurs années plus tard :

> ... ce regard d'un Lazare ressuscité, et pourtant toujours prisonnier des sombres bords où il erra, trébuchant sur des cadavres déshonorés. Pour lui, le cri de Nietzsche exprimait une réalité presque physique : Dieu est mort, le Dieu d'amour, de douceur et de consolation le Dieu d'Abraham, d'Isaac et de Jacob s'est à jamais dissipé sous le regard de cet

enfant, dans la fumée de l'holocauste humain exigé par la Race, la plus goulue de toutes les idoles[15].

Wiesel ne pouvait plus croire en un Dieu souverain, du moins pas en un Dieu bon. Mais s'il n'y a pas de Dieu souverain, alors notre existence et nos actions ne sont que le produit d'un pur hasard, et il ne peut y avoir de moralité, autrement que dans un sens vide, fonctionnaliste, et si notre Créateur n'est pas moralement bon, alors nos distinctions entre le bien et le mal ne constituent que le produit de notre imagination ou l'expression d'une préférence personnelle. Le fait que nous reconnaissons que certaines choses sont *mal* et pas simplement désagréables est de prime abord une preuve dans notre propre conscience qu'il existe un standard de moralité en dehors de nous-mêmes, parce qu'un Dieu moral nous a créés.

Seuls ceux qui ont une imagination extrêmement puissante peuvent parvenir à démentir l'existence du mal dans le monde, et même ces personnes sont rarement cohérentes dans leur déni. Il est sans doute possible d'affirmer que la douleur est amorale; mais dès qu'une personne dit que l'Holocauste était *mal*, l'univers est considéré comme étant moral et un Créateur moral a été implicitement présupposé. Aujourd'hui, pour bien des gens qui veulent rejeter l'idée d'un tel Dieu, la manière de s'en sortir consiste à dire qu'il n'y a ni bien ni mal *absolu*, puisque de toute façon rien ne dirige le monde entier, ou que la moralité concerne l'humanité entière. Mais nous devons alors poser la question suivante : la « solution finale » d'Hitler était-elle *absolument* mal? Les gens savent dans leurs tripes que certaines choses sont mal, ce qui démontre le fait qu'ils savent au plus profond d'eux-mêmes qu'il y a un Créateur moral.

Je n'ai jamais expérimenté une horreur telle que cet Élie Wiesel a vécue à quinze ans, et ce que j'ai dit semblera vide pour certains. Mais d'autres personnes ont enduré des horreurs similaires, ou pires, sans que cela ait eu le même effet sur eux. Je connais un autre Juif qui a également été interné dans un camp de concentration, qui a vu des horreurs inimaginables, et qui a échappé de peu à l'extermination. Son rétablissement psychologique a été long, et aujourd'hui encore il en parle difficilement, mais il s'est plus tard incliné devant la souveraineté de Dieu et a saisi son Fils souffrant comme étant sa seule réponse. N'est-ce pas une triste ironie qu'Élie Wiesel estime avoir vu Dieu être pendu à une potence, mais qu'il n'ait pas regardé au Dieu qui a vraiment été attaché au bois à cause de nous?

Pour poursuivre la réflexion :

1. Quelles sont les trois manières dont les gens se servent pour essayer de répondre au problème de la souffrance et de la souveraineté de Dieu? Pouvez-vous penser à d'autres manières en plus de celles-là?

2. En quoi l'explication du rapport entre Dieu et la souffrance que donne le rabbin Kushner ressemble-t-elle ou diffère-t-elle de l'explication biblique? Pourquoi croyez-vous que les gens sont attirés par la solution au problème que propose Kushner?

3. Avez-vous déjà vécu une crise du point de vue de votre foi à cause de votre souffrance ou celle d'un autre? Pensez-vous que nous devrions chercher à réprimer nos doutes?

4. Avez-vous déjà ressenti la même chose qu'Élie Wiesel? Un chrétien peut-il dire quelque chose à Élie Wiesel qui ne lui semblerait pas insignifiant?

5. L'existence du mal peut-elle être une preuve *en faveur de* l'existence de Dieu? De quelle manière?

Chapitre 3

La souveraineté de Dieu

Si nous ne pouvons nier l'omnipotence de Dieu, et si nous ne pouvons nier sa bonté, et si nous ne pouvons pas non plus nier que la souffrance est réelle, y a-t-il une solution à ce problème du mal et de la souffrance? La seule option qui reste laisse planer le mystère. L'option biblique est que Dieu est en effet totalement souverain – et il *utilise* le mal pour faire le bien, même s'il arrive souvent que son intention ne nous soit pas révélée. Le mystère n'est toutefois pas simplement le silence. La Bible dit que le mystère de la croix de Christ sert à quelque chose. Je reviendrai sur ce sujet ultérieurement. Mais pour le moment, il est primordial de comprendre cette idée de la souveraineté de Dieu.

Une solution intermédiaire?

Il n'est pas si difficile de voir ce qui ne va pas avec la solution du rabbin Kushner, particulièrement pour les chrétiens qui lisent la Bible. Plusieurs chrétiens ont essayé de résoudre le problème de la souffrance non pas en réfutant, mais en limitant la souveraineté de Dieu. Dans cette perspective, Dieu est capable d'agir, mais il se retient de le faire. Les tenants de cette position disent que Dieu doit permettre la liberté chrétienne, et cela signifie qu'il doit consentir à ce que certaines choses se produisent hors de son contrôle, incluant le péché. Dieu « permet » la souffrance parce qu'il refuse d'intervenir pour mettre fin à la souffrance, de peur qu'en agissant de la sorte il détruise notre liberté. La souveraineté de Dieu est donc redéfinie ainsi : Dieu a la *puissance* brute de tout régler, mais il retient son pouvoir afin de ne pas détruire le libre arbitre de ses créatures morales. Dans cette perspective, la destruction du libre choix serait un mal encore plus grand que celui causé par ceux qui jouissent du libre choix.

Il y a un élément de vérité dans cette position. Il est vrai que Dieu ne cause pas le péché directement, mais qu'il le permet. Et Dieu *pourrait* éliminer le mal en détruisant tout simplement la liberté de ses créatures, mais il se retient de le faire. Préféreriez-vous que Dieu élimine effectivement le mal en détruisant la liberté? Je dois admettre qu'en certaines occasions j'aurais répondu « oui ». Quand nous souffrons, la délivrance de la douleur devient hautement prioritaire.

Un des premiers épisodes de Star Trek, qui a pour titre « Ménagerie », implique un Capitaine Pike paralysé, qui fait face à un choix entre d'un côté une vie d'illusion de santé et de bien-être et de l'autre, une vie bien réelle, faite de paralysie et d'impuissance. Dans l'histoire telle qu'elle a été écrite au départ, le Capitaine Pike décline finalement l'offre de l'illusion et choisit la réalité. Mais dans la version qui a finalement été diffusée, il choisit le monde fait de rêves, sans même aucune considération pour la réalité et la vérité. Bien que les penchants modernes préfèrent fortement l'anesthésie à la réalité, pour ceux qui ont de fortes convictions, la perte de la vérité est en soi une des pires formes de souffrance, et la perte de liberté ne résoudrait donc rien. Cela reviendrait seulement à remplacer un mal par un autre. Il est donc important que Dieu préserve notre capacité à agir librement, ce qui laisse la place au mal.

Le problème, c'est que toute souffrance n'est pas causée par une expression de la liberté humaine. À New York, quatre jeunes filles ont été réduites en bouillie quand un coup de vent violent a renversé un vieil arbre sur la fourgonnette dans laquelle elles voyageaient[16]. Il n'y a pas de libre choix derrière cette terrible tragédie – c'était simplement un accident fortuit qui risque de se produire une fois sur un million! De plus, si Dieu «doit» permettre le libre choix, et ainsi la souffrance, pourquoi tant de psalmistes crient-ils à Dieu, s'attendant à ce qu'il *fasse* quelque chose? Si Dieu retient son pouvoir afin de ne pas interférer avec le libre arbitre de l'oppresseur, pourquoi les écrivains bibliques se donnent-ils la peine de demander à Dieu de les délivrer de la main de l'oppresseur? S'ils réaffirment leur confiance en Dieu à la fin du psaume, ce n'est pas parce qu'ils se sont réconciliés avec le fait que Dieu n'aide pas celui qui est dans le besoin; c'est parce qu'ils reconnaissent la sagesse supérieure de Dieu.

Tous les chrétiens savent que la Bible s'attend à ce que Dieu rétablisse les choses à la fin, quand il jugera le monde. Mais ce grand jour ne sera-t-il pas une « interférence » avec le libre choix du méchant? Est-ce une mauvaise chose de créer des lois contre le meurtre, qui « limitent » la liberté de tueurs potentiels, ou est-il mal d'arrêter et de punir de tels criminels? Il est évident que Dieu s'abstient d'empêcher tout mal – qui sait quelle quantité de mal il empêche *vraiment* de se produire à notre insu? –, mais nous ne pouvons invoquer la préservation du libre choix comme étant la raison d'agir de la sorte. Dieu doit avoir ses propres objectifs.

La prière et la souveraineté de Dieu

Le romancier Peter de Vries a écrit une histoire très touchante au sujet de la perte de la foi, ayant pour titre *The Blood of the Lamb*[17] [Le sang de l'Agneau]. Il exprime de manière insistante le fait que *prier* Dieu pour la guérison implique qu'il est souverain, et donc que la souffrance doit faire partie de ce qui est sous son contrôle. Mais pour Don Wanderhope, le héros de l'histoire que raconte de Vries (et on peut supposer pour de Vries lui-même), c'est intolérable. Dans l'histoire, Don dit à sa petite amie Rena, qui se meurt de tuberculose :

> Tout ce que je dis, c'est que lui demander de te guérir – ou de me guérir, ou n'importe qui d'autre – implique une personne qui nous a fait ce coup-là injustement. La prière se résume alors à lui demander d'avoir du cœur. D'arrêter. Je trouve l'idée repoussante. Je préfère penser que nous sommes victimes du hasard plutôt que de gratifier une telle force d'un nom comme la Providence[18].

Bien que la pensée soit « repoussante » pour Don, il n'y a pas d'échappatoire. Don n'a pas tort de supposer que si Dieu peut guérir, il doit aussi être celui qui envoie la souffrance, ou du moins la permet. Don ne peut malheureusement pas voir de but plus grand, ni de plus grand bien que son propre confort, et il pense donc que cette souffrance est gratuite et cruelle. Mais il reconnaît qu'à moins que Dieu ait un contrôle souverain sur la souffrance, prier à ce sujet est complètement inutile.

La confusion dans ce domaine a suscité beaucoup de malentendus parmi les chrétiens lorsqu'il s'agit de prier Dieu pour la guérison. D.A. Carson soutient que le manque de confiance des chrétiens en la souveraineté de Dieu au milieu de la souffrance est peut-être le point de départ du mouvement des « signes et miracles » dans le christianisme[19]. Ces chrétiens enthousiastes cherchent *avec raison* à voir la puissance de Dieu démontrée dans la victoire sur la maladie, ce que nous voyons dans les Évangiles. La maladie *est* une œuvre du diable, et Dieu détruit les œuvres du diable par l'intermédiaire de Jésus, y compris la maladie. Mais ce qui manque souvent, c'est une meilleure compréhension du fait que Dieu est aussi puissamment présent dans le contexte de la maladie qu'il est la source de la santé. La protection de Dieu nous entoure pour nous garder de Satan (Job 1.10), et si Dieu retire sa protection, il le fait pour une bonne raison. Si nous ne reconnaissons pas la souveraineté de Dieu dans la souffrance, alors la souffrance devient un mal dénué de toute utilité. Soit Dieu ne s'en est pas encore chargé (ce qui est contraire à l'Évangile), soit il est empêché d'agir par notre manque de foi (ce qui place un fardeau énorme de culpabilité sur celui qui souffre, de la même manière que les amis de Job ont essayé de le culpabiliser). Mais le fait de reconnaitre la souveraineté de Dieu aussi bien dans la souffrance que dans la bonne santé, transforme notre compréhension de la souffrance comme étant une chose qui, bien que tragique, a également un but, un mal qui est d'une certaine manière nécessaire pour notre bien (Romains 8.28). Comme l'a observé un des puritains : « Tout ce qu'il envoie est utile; tout ce qui est utile, il l'envoie. »

Comment Dieu peut-il faire référence à lui-même comme étant mon bouclier et ma forteresse s'il ne veut pas, ou ne peut pas, me protéger des humains ou des démons qui, par leur libre choix, cherchent à me faire du mal à moi et à ma famille? Si nous pensons que Satan peut nous faire souffrir alors que Dieu ne l'a pas permis, alors nous ne pouvons plus faire confiance à Dieu. Comment Paul peut-il dire : « mon Dieu pourvoira à tous vos besoins » (Philippiens 4.19), si en réalité il n'intervient pas lorsqu'il doit priver quelqu'un de son « libre choix »? Comment les souffrances peuvent-elles avoir un *quelconque* objectif, sinon celui de Satan, c'est-à-dire de nous détruire? Faire confiance à Dieu, c'est dire que nous croyons qu'il sait ce qu'il fait. Mais si Dieu ne *permet* pas volontairement nos souffrances, alors cette situation n'a aucun sens, ni pour vous, ni pour personne d'autre, et nous pourrions aussi bien arrêter d'en parler. Mais la Bible ne cesse d'en parler – il existe toutes sortes de buts et de raisons pour la souffrance, parce que les auteurs bibliques priaient vigoureusement et ne doutaient pas que Dieu exerce son contrôle sur tout.

La Bible et la souveraineté de Dieu sur le mal

Les écrivains bibliques sont très honnêtes, et lorsqu'ils sont confrontés à la souffrance, il se peut qu'ils remettent en question, pour un moment, différents attributs de Dieu. Ils doutent, comme Job, que Dieu est vraiment juste. Ils se plaignent, comme Jérémie, que Dieu les a trompés. Ils se demandent, comme les psalmistes, si Dieu les a abandonnés. Mais un attribut que les écrivains bibliques ne remettent jamais en question est la puissance de Dieu. Ils « n'atténuent » jamais la souveraineté de Dieu afin de le rendre « gentil », comme le rabbin Kushner et certains chrétiens ont tenté de le faire. Examinez certains des passages qui reconnaissent le contrôle de Dieu sur toute chose, y compris sur le mal et la souffrance.

- Proverbes 16.9 : « Le cœur de l'homme médite sa voie, mais c'est l'Éternel qui dirige ses pas. » Il est évident que l'auteur biblique pense que le libre choix de l'homme ne limite d'aucune manière le fait que Dieu détermine les évènements.

- Ésaïe 45.7 : « Je forme la lumière et je crée les ténèbres, je réalise la paix et je crée le malheur; moi, l'Éternel, je fais toutes ces choses. » Le Seigneur *créé* le malheur. Il n'est absolument pas sidéré par l'adversité.

- Psaume 60.5 : « Tu as fait voir de dures épreuves à ton peuple, tu nous as abreuvés d'un vin d'étourdissement. » Le psalmiste comprend que Dieu est la source de la souffrance. La souffrance n'est pas étrangère à l'intention de Dieu.

- Exode 4.11 : Dieu pose une question rhétorique à Moïse : « Qui a donné une bouche à l'être humain? Et qui rend muet ou sourd, voyant ou aveugle? » Dieu *rend les gens sourds et aveugles*! Non pas à cause de leur péché, ou pour une autre raison qu'il est nécessairement possible de déterminer. Quand Jésus a guéri l'aveugle dans Jean 9, il a dit à ses disciples que la cécité n'était pas causée par son péché, ni par celui de ses parents, mais simplement « afin que les œuvres de Dieu soient manifestées en lui ». D'habitude, nous n'en savons jamais autant concernant la cause de la cécité d'une personne dès sa naissance; mais l'important est qu'*il y avait* une raison pour sa cécité, et c'était le plan de Dieu. Il ne s'agissait pas simplement d'une « malchance ».

- Actes 4.27-28 : « Car en vérité, contre ton saint serviteur Jésus, à qui tu as donné l'onction, Hérode et Ponce Pilate se sont ligués, dans cette ville, avec les nations et avec les peuples d'Israël, pour faire tout ce que ta main et ton conseil avaient déterminé d'avance. » Les disciples croyaient que *Dieu* avait planifié le plus grand crime de l'histoire. Hérode, Pilate et le Sanhédrin ont comploté, mais ils ont fait tout cela selon le plan arrêté par Dieu, qui est vraiment Celui qui les a conduits ensemble dans ce but.

Mais si Dieu exerce vraiment un parfait contrôle, comment pouvons-nous contrer l'accusation du rabbin Kushner qui affirme qu'un tel Dieu s'allie au bourreau, ou la plainte de Peter de Vries alléguant qu'un tel Dieu « nous a injustement fait ce coup »?

Bien que nous ne puissions pas nous départir de la notion de mystère, puisque Dieu ne révèle pas ses motifs en général, nous pouvons considérer différents éléments. Premièrement, au moins *une partie* des souffrances ont de bonnes conséquences que nous parvenons parfois à distinguer (plus tard). « Vous aviez médité de me faire du mal : Dieu l'a changé en bien. » Voilà ce que Joseph a dit à ses frères qui se sont finalement repentis de l'avoir vendu en esclavage. Bien que nous ne puissions pas *voir* le but de *toutes les* souffrances (peut-être même de la plupart des souffrances), cela ne signifie pas qu'elles soient gratuites ou cruelles. Affirmer que Dieu est injuste ou cruel revient à affirmer que nous sommes capables de comprendre le fond des choses, que nous sommes omniscients.

Deuxièmement, rappelez-vous que le mot « mal » peut être utilisé de deux manières différentes : il peut faire référence à la souffrance, la douleur, l'adversité, les catastrophes, etc., ou il peut faire référence à la méchanceté et à la cruauté d'une personne qui commet de telles choses. Jérémie 11.17 utilise le mot dans les deux sens : « L'Éternel des armées, qui t'a planté, appelle sur toi le *malheur*, à cause du *mal* que la maison d'Israël et la maison de Juda se sont fait à elles-mêmes en m'irritant, en offrant de l'encens à Baal. » Il est indéniable que le « malheur » veut dire autre chose que le « mal » dans ce passage.

Troisièmement, il faut aussi réaliser que même si Dieu permet volontairement la souffrance pour des raisons qui lui appartiennent, une telle souffrance ne le laisse pas indifférent, pas plus que des parents ne sont indifférents quand ils doivent faire mal à leur enfant malade. Le Psaume 56.9 s'adresse à Dieu en disant : « Tu comptes les pas de ma vie errante; recueille mes larmes dans ton outre : ne sont-elles pas inscrites dans ton livre? » Dieu se rappelle chacune des douleurs de ses enfants, même lorsqu'il a décrété ces mêmes douleurs. Immédiatement après avoir dénoncé les dirigeants juifs de la manière la plus cinglante pour leur méchanceté, et juste avant de prédire le futur ignoble de la ville, Jésus pleure sur Jérusalem dans un langage très émouvant.

> Jérusalem, Jérusalem, qui tues les prophètes et qui lapides
> ceux qui te sont envoyés, combien de fois ai-je voulu
> rassembler tes enfants, comme une poule rassemble ses
> poussins sous ses ailes, et vous ne l'avez pas voulu! Voici,
> votre maison vous est laissée déserte. (Matthieu 23.37-38)

À peine quelques années plus tard, un horrible jugement s'abattait sur Jérusalem. Mais bien que Dieu ait prévu que ce jugement aurait lieu, il en était très attristé.

Quatrièmement, Dieu lui-même a porté nos peines et nos douleurs en son Fils. 1 Pierre 2.24 applique clairement le langage d'Ésaïe 53 à l'œuvre de Christ à la croix : « [...] lui qui a porté nos péchés en son corps sur le bois, afin que morts à nos péchés nous vivions pour la justice; lui dont la meurtrissure vous a guéris. »

Encore une fois, ce thème est plongé dans le mystère. Dieu ne se contente pas d'être sympathique à distance; il a pris lui-même la souffrance humaine à un point tel que nous ne pouvons le comprendre. Le mystère de la souffrance injuste est encore alourdi par un plus grand mystère, celui de Dieu qui a choisi que son propre Fils bien-aimé souffre. Bien que nous connaissions la doctrine biblique, le fait que la souffrance et la mort de Jésus aient été nécessaires pour ôter la colère de Dieu qui nous était destinée, la seule idée que Dieu soumette son Fils bien-aimé à cette colère au lieu de la personne qui la méritait est une notion que nous ne pouvons sonder. Ce n'est pas logique pour nous. Et pourtant ce l'est pour Dieu, et nous devrions être reconnaissants qu'il en soit ainsi. Les desseins de Dieu sont souvent mystérieux, mais ils sont, malgré tout, des *desseins*, et non pas des gestes aléatoires de violence, devant lesquels Dieu est impuissant ou réticent à intervenir. Dieu a souffert non parce qu'il était impuissant, mais parce qu'il avait prévu de souffrir. Jésus a dit : « [...] je donne ma vie pour mes brebis… Personne ne me l'ôte, mais je la donne de moi-même » (Jean 10.15, 18). La souffrance a donc un sens, parce qu'elle n'est *pas* accidentelle, ni injuste.

La souffrance n'est rien de nouveau

J'imagine que tous ceux qui ont souffert sont tentés de penser que leur propre souffrance soulève des questions beaucoup plus épineuses que celles des autres. Nous pensons tous que nous avons une expérience de souffrance particulièrement difficile. Ce siècle a certainement été témoin de souffrances et d'atrocités incroyables. Mais la souffrance et l'atrocité ne sont pas uniques à ce siècle.

Stanley Hauerwas estime que la souffrance et la mort d'enfants constituent le problème existentiel le plus difficile pour la foi chrétienne. Il dit qu'il en est ainsi parce que les enfants n'ont pas encore un contexte de vie qui peut donner un sens à la souffrance[20]. Tout cela devient insignifiant. Mais bien que la mort de son *propre* enfant soit une expérience complètement dévastatrice, la mort des enfants n'est pas propre au vingtième siècle – en réalité, ce problème était beaucoup plus répandu auparavant. Seuls neuf des vingt enfants de J.S. Bach lui ont survécu. Il a dû enterrer *onze* de ses enfants. En plus, sa première femme est tombée malade et est morte subitement alors que Bach était parti pour une courte excursion. Lorsqu'il est rentré chez lui, il a découvert qu'elle avait déjà été enterrée. Bach s'est sûrement demandé à plusieurs reprises : « Pourquoi, Dieu? » La raison pour laquelle Bach pouvait exprimer les souffrances de Christ de manière si passionnée dans la *Passion selon Saint-Matthieu*, est peut-être qu'il savait ce qu'est la souffrance, et en conséquence s'agrippait d'autant plus à Celui qui l'avait rendue significative, qu'il avait lui-même souffert la mort de son propre Fils.

De plus, la souffrance ne peut pas vraiment être quantifiée, comme l'a écrit J.C. Beker, un autre survivant des camps de concentration[21]. L'homme qui doit regarder sa femme mourir une mort lente et agonisante à cause du cancer souffre-t-il moins que celui qui regarde sa femme être envoyée dans les chambres à gaz d'Auschwitz? La deuxième situation est peut-être plus pénible à accepter parce qu'il s'agit d'un acte délibéré et brutal, et il est difficile d'accepter que des gens puissent être aussi méchants, mais dans les deux cas des individus subissent une perte.

Les auteurs bibliques connaissaient aussi la souffrance. Et il est instructif de voir comment ils y ont réagi. Le Psaume 11.3 exprime la dévastation que ressent le psalmiste lorsque Dieu omet d'intervenir « au bon moment ». « Quand les fondements sont renversés, le juste, que ferait-il? » Quand Dieu permet que vous souffriez, ne semble-t-il pas que les fondements de votre vie, de votre foi, sont détruits? La réponse du psalmiste se contente de faire référence au contrôle souverain de Dieu : « L'Éternel est dans son saint temple, l'Éternel a son trône dans les cieux » (v. 4). Autrement dit, Dieu dirige, et il sait ce qu'il fait. Qui sait combien de temps il a fallu au psalmiste pour passer à travers ses souffrances, et pour qu'il affirme une telle chose? Et pourtant, c'est le seul chemin qui vaille la peine d'être emprunté. Tout autre chemin ne mène qu'au néant.

Pour poursuivre la réflexion :

1. Croyez-vous vraiment en la souveraineté totale de Dieu? Cette conviction a-t-elle été menacée au cours de périodes de souffrance?

2. Évaluez cette affirmation : « Je n'avais vraiment pas besoin de tomber malade à ce moment de ma vie. »

3. Comment parleriez-vous de la souveraineté bienveillante de Dieu (ou la bienveillance souveraine de Dieu) à quelqu'un qui souffre en ce moment?

4. Quelle est la « solution intermédiaire » que bien des chrétiens adoptent en réaction à la position du rabbin Kushner qui veut que Dieu ne soit pas tout-puissant? Y a-t-il un élément de vérité dans cette voie intermédiaire?

5. Bien que le contrôle que Dieu exerce sur la souffrance soit en grande partie un mystère qui dépasse notre entendement, existe-t-il une preuve que même lorsque nous souffrons, Dieu nous aime, nous témoigne de la compassion, et se préoccupe de notre bien-être?

6. Si vous avez fait l'expérience de la souffrance, croyiez-vous à ce moment-là que Dieu savait ce qu'il faisait? Cette conviction a-t-elle été utile?

Chapitre 4

Les leçons de Job

Le livre de Job décrit de manière saisissante un homme sur le chemin de la souffrance. Si vous avez marché sur ce chemin, vous savez qu'il n'est pas évident. Mais suivons Job un moment, et voyons ce que nous pouvons apprendre de l'expérience de cet homme.

Premièrement, permettez-moi de mentionner que la « sagesse » dans le Proche Orient ancien voulait qu'il y ait une connexion directe et observable entre la souffrance d'un individu et un comportement quelconque désapprouvé par Dieu (ou par des dieux). Si quelqu'un souffrait, c'est parce qu'il avait offensé un dieu.

La Bible (et particulièrement les Proverbes) reconnait en effet que le péché contre Dieu se soldera souvent par des souffrances, mais elle reconnait également que bien des souffrances ne peuvent être expliquées de cette manière. Dans cette perspective, la Bible, et particulièrement le livre de Job, constitue en quelque sorte une balise dans le monde ancien. Plutôt qu'un signe de la *défaveur* de Dieu, la souffrance de Job est un signe de sa *faveur* et de son approbation. Nous pouvons lire dans Job 1 que Dieu soulignait le caractère de Job en permettant à Satan de persécuter. Mais Job lui-même n'avait aucune idée du pourquoi de ses souffrances.

Première leçon de Job :
Nous ne sommes pas sages

Dieu permet la souffrance pour sa propre gloire et pour notre bien, mais nous ne savons pas chaque fois pour quelles raisons exactes il la permet. La première leçon à apprendre de Job est que les réponses proposées pour expliquer le problème de la souffrance sont toutes inadéquates. Certaines réponses peuvent parfois être justes, mais aucune réponse définitive ne nous est donnée[22]. Job a d'abord cru qu'il *aurait dû* être en mesure de comprendre sa souffrance. Il pensait que Dieu lui devait une explication. Il avait tort. Les amis de Job pensaient comprendre véritablement. Ils avaient encore plus tort. Si vous êtes à la place de Job, celui qui souffre, vous ne pouvez pas toujours comprendre votre souffrance parce que vous ne connaissez pas les desseins de Dieu. Et si vous avez un ami qui souffre, assurez-vous que vos bonnes intentions ne fassent pas de vous un « ami de Job », de peur d'ajouter aux souffrances de votre ami.

C'est une idée étonnamment répandue qui affirme que la tragédie est causée par un péché, ou par un échec dans la vie d'un individu. La raison en est peut-être que la plupart d'entre nous n'ont connu que peu de souffrances en tant qu'enfant, sauf quand nos parents nous disciplinaient pour nos bêtises. Nous supposons alors naturellement que lorsqu'il nous arrive quelque chose de mal, Dieu nous punit pour une raison ou une autre.

Peu après l'attentat à la bombe du bâtiment fédéral à Oklahoma City, j'ai entendu une entrevue avec un psychologue pour enfants qui discutait des traumatismes mentaux que les enfants pourraient alors subir. Si un enfant s'était disputé le matin avec sa mère parce qu'il ne voulait pas manger ses céréales, il aurait pu penser que l'explosion de la bombe avait eu lieu en punition pour sa désobéissance. Les adultes aussi sont tentés de s'accuser eux-mêmes pour ce qui n'est pas leur faute lorsque quelque chose de mauvais se produit. Pire encore, les gens essaient de dire à ceux qui ont vécu une tragédie que « le Seigneur doit vouloir te punir pour quelque chose ». Les amis de Job ont évidemment choisi cette approche, et dans Job 42.7, ils sont sévèrement repris pour avoir parlé de la sorte : « Ma colère est enflammée contre toi et contre tes deux amis, parce que vous n'avez pas parlé de moi avec droiture comme l'a fait mon serviteur Job. »

Le fait est que dans les Écritures – et d'une manière très évidente dans le livre de Job – c'est souvent celui qui *jouit de la faveur* de Dieu qui souffre. Affirmer que toute souffrance est une punition revient à dire du mal de Dieu!

Il n'est pas non plus utile de se contenter d'affirmer des énoncés doctrinalement justes. Les amis de Job ont prononcé beaucoup de vérités doctrinales. Mais cela n'a pas aidé Job à supporter sa propre souffrance. Par exemple, dans Job 8, ce que dit Bildad est juste sur le plan doctrinal. Quand Job répond au chapitre 9, il reconnait que la doctrine de Bildad est juste : « En vérité, je reconnais qu'il en est ainsi… » (v.2). Mais Job veut savoir comment il peut demander à Dieu d'expliquer les contradictions entre la théologie et la réalité dont il fait l'expérience. La même chose se répète aux chapitres 11 et 12. Job devient sarcastique au chapitre 12 : « On dirait, en vérité… qu'avec vous doit mourir la sagesse » (v. 2). Autrement dit, Job dit en fait : « Ne pensez-vous pas que je sache tout cela? Pourquoi pensez-vous donc que j'éprouve cette dissonance cognitive? Ces choses sont bien sûr vraies, mais j'ai un problème existentiel, pas doctrinal. » Le problème existentiel de Job présuppose en fait la doctrine. S'il n'avait pas cru en un Dieu juste et souverain, son questionnement n'aurait eu aucun fondement.

Mais que se passe-t-il quand Dieu *répond* à Job? Il ne se justifie pas. Il ne révèle pas à Job la raison de sa souffrance, et il ne fuit pas non plus ses responsabilités en disant : « Hé, Job, il faut bien que je laisse un peu de liberté à Satan! » Il se contente de pointer vers son contrôle souverain sur les cieux et la terre, et il déclare que Job n'a aucune sagesse. Et pourtant, Dieu termine en faisant l'éloge de ce dernier, précisément parce qu'il a reconnu qu'il ne comprenait pas ce que Dieu était en train de faire. Les amis de Job, qui tentaient de justifier Dieu et proposaient une explication logique à la souffrance de Job, ont reçu de sévères remontrances. La première leçon de Job est que seul Dieu comprend tout ce qu'il fait, et qu'il est préférable de ne pas prétendre savoir pourquoi quelqu'un souffre.

Deuxième leçon de Job :
L'honnêteté est la meilleure pratique

À la fin du livre de Job, Dieu félicite Job d'avoir parlé justement à son sujet (42.7), car Job est resté complètement honnête. Les cris qu'il a adressés à Dieu sont l'exemple de cris d'un honnête croyant. Bien que les questions de Job aient « obscurci les desseins de Dieu » (38.2), il n'a jamais cessé d'appeler Dieu à l'aide. Dans le Nouveau Testament, Jacques fait référence à Job comme étant un grand exemple de *souffrance et de patience* (Jacques 5.10-11).

Job ne nous apparait pas comme un grand modèle en ce qui a trait à la patience ou à la piété; il se plaint amèrement chapitre après chapitre. Dans les premiers chapitres, il se plaint dans la confusion, mais au fur et à mesure que le récit progresse, il accuse Dieu directement. Cela devrait nous montrer que la réponse adéquate à la souffrance ne consiste pas à « serrer les dents et à la supporter sans rien dire », ni à déclarer des platitudes pieuses. La persévérance de Job consiste à s'accrocher continuellement à

Dieu; il a continué à frapper à la porte de Dieu jusqu'à ce qu'il obtienne une réponse. C'est ce qu'un enfant fait avec un parent en qui il a entièrement confiance. Lorsque les circonstances vous amènent vous, enfant de Dieu, à douter de votre confiance, vous voulez être rassuré. Il est tout à fait légitime de vouloir être rassuré, de désirer une preuve que Dieu vous aime encore au milieu de vos souffrances.

Il serait donc insensé d'essayer de fabriquer une culpabilité artificielle pour « justifier » Dieu, ou pour le pousser à nous laisser tranquilles. Malheureusement, c'est souvent notre réaction à l'égard de la souffrance. De nouveau, la présupposition est que toute souffrance est directement liée à nos propres actions. Les amis de Job ont été repris parce qu'ils ont essayé de « justifier » Dieu, et Job a été félicité parce qu'il n'a pas succombé à leurs arguments en faisant semblant d'être coupable. Au milieu de la souffrance, il est bien sûr parfaitement compréhensible de tenter n'importe quoi pour que Dieu « ne s'acharne pas sur nous », parce que nous sommes alors accablés par le besoin que la souffrance cesse. Les gens qui n'ont pas connu de grande souffrance éprouvent de la difficulté à réaliser à quel point ce besoin peut devenir écrasant. Quoi qu'il en soit, chercher à manipuler Dieu pour qu'il nous soulage de nos souffrances revient à essayer de l'abaisser à n'être qu'un petit dieu capricieux, ce qui est courant dans les religions païennes, et Dieu ne se laisse évidemment pas réduire au rang d'une divinité païenne.

La deuxième leçon de Job, qui consiste à demeurer tout à fait honnête, est donc importante si nous voulons nous approcher de Dieu. Nous ne pouvons cacher nos vrais sentiments à Dieu, et il insiste pour que nous ne cherchions pas à le faire. Malheureusement, certains chrétiens pensent qu'une telle honnêteté est déplacée.

Il y a quelques semaines, une page insérée dans le programme de mon église parlait de la prière, et demandait s'il est juste de « dire à Dieu comment nous nous sentons ». Le document répondait que « non – nous devons toujours nous approcher de Dieu avec des cœurs reconnaissants », comme s'il était possible de cacher à Dieu ce que nous ressentons.

La Bible ne dit pas une telle chose. Non seulement Job, mais la plupart des personnages bibliques, y compris ceux qui écrivaient sous l'inspiration, étaient très ouverts concernant leurs sentiments. Jérémie s'écrie à Dieu : « Tu m'as séduit, Éternel » (Jérémie 20.7). Noémi s'exclame : « Ne m'appelez pas Noémi; appelez-moi Mara, car le Tout-Puissant m'a rendu la vie bien amère! » (Ruth 1.20). Le psalmiste s'écrie : « Pourquoi m'as-tu abandonné? » (Psaume 22.1). Ces écrivains bibliques étaient-ils tous en train de pécher à cause de leurs luttes vis-à-vis de Dieu? La prière de Jésus était-elle inappropriée lorsqu'il s'est écrié : « Pourquoi m'as-tu abandonné? » Les auteurs du livre des Psaumes péchaient-ils lorsqu'ils se contentaient de crier à Dieu, sans même le remercier? Les amis de Job ont réellement insinué que Job avait tort d'exprimer à Dieu ses émotions négatives (ex. Job 15.25), mais ils ont été repris à cause de leur malhonnêteté. Même si les auteurs bibliques avaient péché en accusant Dieu, il aurait été bien pire qu'ils tentent de cacher leurs luttes. L'honnêteté est bien plus importante pour Dieu que la gentillesse.

En effet, être choisi par Dieu signifie faire partie de ceux qui luttent avec lui, comme le nom « Israël » l'indique (voir Genèse 32.28). Jacob a été nommé Israël parce qu'il a lutté avec Dieu. La nation d'Israël était également la nation qui luttait avec Dieu. Pour obtenir la bénédiction de Dieu, il ne faut pas laisser tomber, ni refuser d'engager le débat avec lui. Un refus passif de mener cette lutte suggère simplement qu'on n'accorde pas de valeur à la relation – on veut seulement éviter les conflits. Il est vrai que notre vie avec Dieu est une lutte parce que nous sommes encore pécheurs, mais le fait de chercher à éviter cette lutte honnête avec Dieu ne fait qu'aggraver le péché. Nous n'avons pas besoin de justifier Dieu, par contre, nous devons absolument le rencontrer.

Martin Luther était un grand exemple d'honnêteté avec Dieu. Quelqu'un lui demanda un jour à un mauvais moment s'il aimait Dieu. La réponse de Luther fut : « Aimer Dieu? Parfois je le déteste. » Luther n'était sûrement pas en train de renier Dieu, et peu de gens ont été aussi passionnément dévoués envers le Seigneur que Luther. Mais il était, comme Job, extrêmement honnête dans sa relation – et regardez comment Dieu l'a utilisé!

Je crois que le Psaume 88 est particulièrement instructif à ce propos. Dans le Psaume 88, le psalmiste ne reçoit jamais de réponse, n'exprime jamais d'actions de grâce, et ne mentionne jamais la confiance ni l'espoir. Ce psaume se termine avec ces paroles sombres : « Tu as éloigné de moi amis et compagnons; ceux que je connais, (ne sont que) ténèbres. » Mais le psalmiste ne cesse de *crier à l'aide* à Dieu. Le Psaume 88 est une déclaration de foi divinement inspirée. Dans le silence et les ténèbres, une supplication si passionnée, et un tel tambourinement aux portes du ciel sont précisément ce que la foi doit produire. Si vous êtes angoissé, si vous vous demandez encore où Dieu se trouve, si vous avez l'impression d'avoir les ténèbres pour seules compagnes, si vous ne pouvez dire à ce moment précis : « Dieu, je te fais confiance », le Psaume 88 est un rappel que la foi, même cachée, peut être présente même dans le gouffre de la souffrance et du désespoir.

Le Psaume 116.10 est un verset bien étrange. Voilà ce qu'il dit : « J'ai cru quand j'ai parlé : j'étais très malheureux! » Il est si étonnant que certaines traductions et certains commentaires ont essayé de lui faire dire quelque chose de plus « raisonnable ». Mais ce verset saisit exactement ce que nous sommes en train d'affirmer. Crier à Dieu est une réponse *de conviction*. C'est parce que nous *croyons* que nous nous lamentons à Dieu au sujet de notre condition. Bien entendu, se plaindre *à* Dieu n'est pas la même chose que de se plaindre *de* Dieu à d'autres. La Bible ne nous encourage pas à maugréer contre Dieu devant les autres. Mais elle nous encourage à être absolument et totalement honnêtes dans notre lutte avec lui.

Ceux qui travaillent avec des patients en phase terminale me disent que la plupart des gens, y compris les croyants, meurent mal. Ils ne décèdent pas de manière gracieuse, se reposant calmement sur la foi, et rayonnant de l'espoir de la résurrection. Au contraire, ils s'écroulent émotionnellement et spirituellement, et se débattent furieusement en face de la mort. Dans bien des cas, l'esprit est altéré avant le corps, ce qui laisse peu de capacité au patient pour garder une attitude de foi dans ce qui est invisible. Mais le Psaume 88 nous rappelle que même si une personne est incapable d'exprimer sa foi calmement et rationnellement, cela ne veut pas dire qu'elle n'ait pas la foi. Même au milieu de l'agonie et de plaintes incessantes à l'encontre de Dieu, Job est resté fidèle, selon ce que Dieu a déclaré à la fin, parce qu'il n'a jamais cessé de lutter avec Dieu.

Job ne s'est pas laissé attirer dans un mode de pensée qui cherche à « justifier » Dieu en atténuant la vérité. Il a persisté à dire que ses souffrances n'étaient pas causées par un péché qu'il aurait commis, même si la tension entre ce qu'il savait et ce qu'il ressentait n'était pas résolue. Job ne prétendait pas être quelqu'un de parfaitement moral – il a admis dans Job 14.16-17 que Dieu « observait son péché », mais il a reconnu qu'il n'y a avait rien dans sa vie qui soit la cause directe de la souffrance que Dieu lui avait envoyée.

Troisième leçon de Job :
Ce n'est pas fini tant que ce n'est pas fini

À la fin du livre de Job, deux choses se produisent : premièrement, Dieu répond à Job du milieu de la tempête. Deuxièmement, la santé et la joie de Job sont restaurées, les choses sont rétablies, et Job est félicité pour son intégrité. La réponse que Dieu donne à Job n'est pas celle qu'il avait souhaitée, cependant. Job voulait une explication pour ses souffrances. Dieu ne lui a pas fourni d'explication, mais lui a simplement rappelé que lui, Dieu, est souverain, et non pas Job. Mais ce rappel de la souveraineté de Dieu comporte un élément intéressant du fait qu'il conclut par un chapitre entier consacré au « Léviathan ». Ce chapitre semble être simplement la description d'une grande bête mythique, que seul Dieu, et pas Job, peut dompter. Mais dans l'Ancien Testament, le « Léviathan » est un symbole des forces du mal et du chaos que Dieu domine. Plus tôt dans le récit de Job (3.8), le Léviathan est évoqué comme le représentant de la malédiction prononcée contre le jour et la vie. Dans le Psaume 74.14, Dieu est celui qui a « écrasé les têtes du Léviathan » et qui l'a « donné pour nourriture à (tout) un peuple, aux habitants du désert ». Et dans Ésaïe 27, le Léviathan est l'ennemi que Dieu tuera au jour du jugement.

> En ce jour, l'Éternel châtiera
> De sa dure, grande et forte épée
> Léviathan, serpent fuyard,
> Léviathan, serpent tortueux ;
> Et il tuera le monstre qui est dans la mer (v. 1).

Dans le Nouveau Testament, cet ennemi de Dieu est identifié comme étant Satan (voir Apocalypse 12.9-10), l'accusateur mentionné dans Job 1 et 2. Cette description est certainement en accord avec celle que Dieu donne du Léviathan en Job 41, dans laquelle il est « roi sur tous les fiers... » (v. 34, version Darby). Dieu attire l'attention sur l'horrible force du Léviathan dans Job 41, pour montrer que Dieu *maîtrise effectivement* le diable et les forces du chaos[23]. Voilà comment se termine Job 1 et 2. Il est vrai que Satan a la permission de faire beaucoup de mal, qu'il est un puissant ennemi, et qu'il a causé beaucoup de souffrance; mais il ne peut aller plus loin que les limites que Dieu a fixées. Et Dieu est complètement victorieux à la fin.

Le Psaume 34.20 nous rappelle que « de nombreux malheurs atteignent le juste, mais de tous, l'Éternel le délivre ». Et les Écritures indiquent systématiquement qu'un jour, une grande évaluation aura lieu et qu'*alors* la justice *sera* complète, et la santé et la joie du juste seront restaurées pour toujours. Ce jour-là, chacun sera rétribué selon ce qu'il aura fait (Ésaïe 3.10-14; Matthieu 16.27; Romains 2.6; 2 Corinthiens 5.10; Galates 6.7-8; Apocalypse 2.13; 10.12).

De plus, la malédiction qui cause des souffrances de toute sorte sera enfin ôtée (Apocalypse 22.3), et comme l'affirme Apocalypse 21.4, Dieu sèchera toute larme de nos yeux. Y a-t-il une image plus tendre que celle du toucher d'une mère sur la joue, consolant son enfant en essuyant ses larmes?

Le problème est que de telles attentes de justification future nous semblent tellement lointaines et insignifiantes quand nous souffrons. Bien que le Seigneur nous délivre de toutes ces souffrances, de nombreux malheurs atteignent tout de même le juste. Le fait de savoir que la souffrance cessera dans l'avenir rend les souffrances présentes un peu plus supportables, mais n'explique pas pourquoi les souffrances ont lieu tout court. De plus, la raison pour laquelle Dieu ne nous délivre pas immédiatement est une question qui demeure sans réponse. Pourquoi attend-il si longtemps pour intervenir?

La justice maintenant?

Il se peut que nous soyons très troublés lorsque nous voyons de l'injustice à laquelle Dieu ne réagit pas *immédiatement*. Nous voulons la justice *maintenant*. Mais réfléchissons un instant. *Dans quels délais* Dieu devrait-il corriger ce qui ne va pas? Immédiatement? Et si Dieu faisait payer immédiatement chaque mauvaise action, qu'il corrigeait chaque problème, et récompensait chaque acte d'obéissance? Qu'est-ce que cela signifierait pour nous?

Premièrement, si Romains 3.10 dit vrai, cela signifierait la mort instantanée et l'enfer pour tout le monde. Rappelez-vous que *nous péchons aussi*. Mais comme D.A. Carson[24] l'a fait remarquer même si le prix exigé pour le péché était moindre que la mort et l'enfer, une rétribution immédiate dépouillerait l'obéissance de tout son sens. Chaque acte d'obéissance ne constituerait qu'une réaction à l'anticipation du plaisir, et chaque refus de désobéir n'aurait pour but que d'éviter la souffrance. Nous serions consumés par une rancœur croissante devant cette obligation, et puisque Dieu regarde au cœur, de nouvelles punitions surviendraient, et nous glisserions rapidement vers un enfer inévitable.

Deuxièmement, si chaque péché devait être puni *immédiatement*, comment le Fils de Dieu aurait-il pu porter les conséquences par procuration à un autre moment que celui où le péché a été commis? Au jour du rétablissement de toute justice, aucun de ceux qui sont couverts par le sang de Christ ne se plaindra d'injustice. C'est la sagesse et la miséricorde de Dieu qui le retiennent de faire justice immédiatement (voir 2 Pierre 3.9). Mais il fera ultimement justice. Il est bon de se rappeler les paroles de Longfellow :

> Les moulins de Dieu tournent lentement,
> Mais ils moulent extrêmement finement.
> Avec patience, il attend,
> Et moud toute chose avec exactitude.
> [Traduction libre]

Nous avons pourtant de l'espoir, non seulement pour la justice, mais également pour notre délivrance au temps fixé par Dieu. Dans un sens, la foi elle-même est cet espoir. Espérer consiste à toujours garder les yeux sur le futur que nous n'avons pas encore. Comme le dit Hébreux, la foi est « la démonstration des choses qu'on ne voit pas » (11.1). Job a reconnu cette vérité, du moins à un moment donné, alors même qu'il souffrait et bien qu'il ne puisse pas comprendre pourquoi Dieu le laissait souffrir. Il était ainsi capable d'exprimer son espérance en un libérateur, même lorsqu'il se demandait si Dieu n'était pas son ennemi.

Le Rédempteur s'élèvera

Dans Job 13.15, Job affirme une chose remarquable : « Même s'il voulait me tuer, je m'attendrais à lui. » Comment Job pouvait-il espérer en Dieu s'il le tuait? Pourquoi faire confiance à un Dieu qui fait du mal? À quoi cela sert-il d'avoir espéré en Dieu si on est mort? La raison pour laquelle Job pouvait déclarer une telle chose se trouve dans Job 19.25-27, où il donne un merveilleux témoignage de son espoir pour l'avenir :

Mais je sais que mon rédempteur est vivant, et qu'il se lèvera le dernier sur la terre, après que ma peau aura été détruite; moi-même en personne, je contemplerai Dieu. C'est lui que moi je contemplerai, que mes yeux verront, et non quelqu'un d'autre; mon cœur languit au-dedans de moi.

C'est vraiment un passage extraordinaire, puisque Job décrit Dieu au chapitre 19 comme son ennemi (v. 10-12) :

> Il me renverse de toutes parts, et je m'en vais;
> Il a arraché mon espérance comme un arbre.
> Sa colère s'est enflammée contre moi,
> Il m'a considéré comme (l'un de) ses adversaires.
> Ses troupes surviennent ensemble,
> Elles se sont frayé leur chemin jusqu'à moi,
> Elles ont établi leurs camps autour de ma tente.

Et pourtant, il s'attend à la justice. Il s'attend à un *go'el*, un parent rédempteur, qui le justifiera devant Dieu à la fin. Il est sage d'user de prudence concernant ce que Job comprenait vraiment, et il est particulièrement difficile de savoir exactement ce que ce passage signifie, mais Job semble au moins savoir qu'un Médiateur-Avocat s'interposerait entre lui et Dieu. Plus tôt, dans 9.33-34, Job s'était écrié :

> S'il existait entre nous un arbitre pour poser sa main sur nous deux, il écarterait de moi la cravache de Dieu, et sa terreur ne m'épouvanterait plus. (TOB)

Et maintenant au chapitre 19, il déclare sa confiance qu'un tel Médiateur existe. D'habitude, un défenseur de la sorte, ou *go'el*, est un parent proche. Le livre de Ruth raconte l'histoire du parent de Noémi, Booz, qui a agi en tant que *go'el* pour Noémi et Ruth. Malgré le prix à payer, Booz est intervenu pour secourir ses parentes de la misère, et assurer leur succession. Job, au milieu de ses souffrances, peut-il apercevoir Jésus, le grand frère/Rédempteur, qui se tiendra à la fin des temps comme Avocat de Job devant Dieu? Quoi qu'il en soit, il est évident qu'il a l'assurance d'être justifié un jour et que même si elle a lieu après sa mort, il sera *témoin* de sa justification (voir aussi Job 23.10). Peut-être même que puisque le *go'el* des opprimés et des affligés est Dieu lui-même (Proverbes 23.11; Jérémie 50.34; Psaumes 119.154), Job savait que Dieu serait en quelque sorte l'Avocat qui plaiderait la cause de Job devant lui-même, bien que nous sachions maintenant que Dieu le Fils vit pour intercéder en notre faveur devant Dieu le Père (Hébreux 7.25).

Quoi qu'il en soit, cette justification, ce rétablissement, se produirait après que Job ait fait cette belle confession. Au moment de la souffrance, l'affliction est vraiment pénible pour quiconque, même pour quelqu'un de « patient » comme Job. La nouvelle version Segond révisée (*Colombe*) traduit la dernière ligne du verset 27 ainsi : « mon cœur languit au-dedans de moi », ce qui ne transmet pas tout à fait la force émotionnelle de l'original, qui ressemble davantage à ceci : « Mes émotions sont complètement anéanties à ce sujet » [traduction libre]. Job ne pouvait pas aisément attendre la solution de Dieu avec patience. Et nous ne devrions pas être surpris si nous ne parvenons pas à rester paisibles nous non plus.

Conclusion

Les leçons de Job devraient être entendues non seulement par celui qui souffre, mais aussi par les amis de celui qui souffre. Nous ne pouvons présupposer que celui qui souffre « ne [soit] pas complètement dans la volonté de Dieu » ou qu'il a offensé Dieu d'une manière ou d'une autre. Nous ne pouvons certainement pas imposer un tel fardeau à ceux qui souffrent en affirmant que « s'ils avaient assez de foi, Dieu les guérirait, ou les délivrerait ». Une telle idée est trompeuse et est clairement condamnée par Dieu à la fin du livre de Job. Nous ne pouvons pas non plus prétendre que nous comprenons toujours ce que Dieu est en train d'accomplir quand nous souffrons. Celui qui souffre et ses amis ont plutôt besoin de patience, non pas d'une endurance stoïque, mais d'un attachement inlassable à Dieu, même lorsqu'il semble être un ennemi, parce que nous croyons qu'un Rédempteur s'est effectivement levé, et qu'il intercède pour nous, et nous devons attendre le jour où Dieu rétablira toute chose.

Mais même si nous savons que Dieu restaurera tout un jour, et même si nous pouvons comprendre pourquoi il ne juge pas tout mal immédiatement, la raison pour laquelle il permet que le mal arrive demeure un mystère. Pourquoi n'a-t-il pas simplement choisi de ne permettre à aucun mal, y compris à la souffrance, de pénétrer dans son univers?

Jésus dit dans les Béatitudes : « Heureux ceux qui pleurent, car ils seront consolés! » Cela nous laisse certainement espérer un rétablissement des choses, mais pourquoi ceux qui pleurent devraient-ils être considérés comme heureux? Ne serait-il pas préférable de ne pas avoir de chagrin que d'en avoir, et ensuite être consolé?

La seule réponse à ce mystère est un autre mystère. En quelque sorte, la souffrance des chrétiens les lie à Jésus-Christ d'une manière spéciale. Job 19.25 indique que Job avait une vague idée d'un Médiateur qui serait la solution au problème de la souffrance. Nous avons maintenant la révélation complète de notre union avec Christ. Cela nous amène à notre prochain chapitre, qui pose précisément la question : *pourquoi ceux qui croient en Christ doivent-ils souffrir?*

Pour poursuivre la réflexion :

1. Quelles sont les leçons principales du livre de Job? En quoi ces leçons sont-elles différentes de ce que disent les incroyants?

2. Avez-vous déjà crié à Dieu de la même manière que Job? Avez-vous déjà été dans un désespoir si profond que vous vous êtes senti comme l'auteur du Psaume 88? Comment les choses se sont-elles résolues pour vous?

3. Pensez-vous que Job a péché lorsqu'il s'est plaint à Dieu au sujet de ce qui lui arrivait? Quelle est la différence entre se plaindre *à* Dieu, et se plaindre *de* lui? Comment cette distinction s'applique-t-elle à notre relation avec les autres?

4. Avez-vous déjà essayé de « réconforter » quelqu'un de la même manière que les amis de Job? En quoi les amis étaient-ils dans l'erreur? Peut-on *vraiment* consoler ceux qui souffrent?

5. Pourquoi Dieu a-t-il utilisé une image si étrange pour décrire sa souveraineté dans Job 38-40? Quel est le rapport entre ce discours et le problème de la souffrance humaine?

6. Si les souffrances de quelqu'un se trouvent dans la tête, comme dans un cas de dépression, d'anxiété ou même d'affections plus graves, comme la schizophrénie, pensez-vous qu'elles soient toujours causées par le péché de celui qui souffre? Pourquoi, ou pourquoi pas?

Chapitre 5

Pourquoi les chrétiens souffrent-ils? (1)

Souffrir avec Christ

Je me demande si je suis en train de rejeter le conseil de Job par le seul fait de poser la question : « Pourquoi les chrétiens souffrent-ils ? » Si nous ne pouvons répondre de manière définitive à la question générale « pourquoi y a-t-il de la souffrance injuste ? », alors comment pouvons-nous demander pourquoi *nous* souffrons? Pourtant, Deutéronome 29.29 nous dit que bien que les choses cachées appartiennent à Dieu, les choses révélées nous appartiennent, à nous et à nos enfants. La Bible nous donne *quelques-unes* des raisons pour lesquelles Dieu permet que ses enfants souffrent, cependant, cela ne nous permet pas d'expliquer chaque souffrance que nous subissons.

Il semble que la première épître de Pierre, plus qu'aucun autre livre, tente de répondre à la question de la souffrance des chrétiens. Pour ce faire, Pierre parle beaucoup de la souffrance de Christ. Cette épître est remplie de déclarations formidables au sujet de la signification de la souffrance et de la mort de Christ. Mais l'objectif premier de ces déclarations consiste à relier les souffrances de Christ à la manière de vivre la vie chrétienne – particulièrement la raison de la souffrance des croyants et la réponse qu'elle devrait susciter.

Dans une large mesure, la vie chrétienne dans son ensemble est une réponse à la souffrance. Après tout, quand tout va bien, nous n'avons pas besoin de ressources spirituelles ni d'exhortations pour persévérer. Notre manière de gérer notre vie dépend de notre réaction à la souffrance. La première épître de Pierre est utile précisément parce que ce livre applique les grandes vérités de l'Évangile à notre besoin en tant que personnes qui souffrent.

Les Écritures en général, et 1 Pierre en particulier, identifient deux raisons fondamentales pour la souffrance des enfants de Dieu : (1) l'identification à Christ, et (2) la discipline, à la fois dans le sens négatif de la punition, et dans le sens positif de la purification et de la formation. De ces raisons, la plus importante, et de loin, est l'identification à Christ qu'implique la souffrance; la dimension disciplinaire de la souffrance y est rattachée. Cette connexion à Christ par la souffrance donne un sens à notre souffrance – elle transforme notre souffrance en un élément rédempteur plutôt que destructeur. Non pas que la souffrance en elle-même soit rédemptrice, mais elle nous relie aux souffrances de Christ. Et les *souffrances de Christ* avaient certainement un sens.

La souffrance de Christ

« Je comprends votre douleur », dit le politicien, en espérant que les gens croiront à son expression de sympathie. Pourtant, nous ne croyons généralement pas les gens qui disent de telles choses, à moins de savoir qu'ils ont réellement connu une situation similaire, ou qu'ils souffrent pour la même raison.

Les chrétiens croient que Dieu peut être sympathique à notre souffrance parce qu'il a connu notre faiblesse et notre douleur (Hébreux 2.18; 4.15). Ce chapitre se penchera cependant sur une dimension plus profonde que sa sympathie. Ésaïe 53 dit que Christ peut non seulement sympathiser, mais qu'il a porté nos douleurs et nos chagrins. Cela implique davantage que le fait d'avoir pris la punition qui aurait dû nous revenir. Le contexte d'Ésaïe relate la souffrance du peuple de Dieu en exil. Le serviteur du Seigneur a pris sur lui-même les souffrances de son peuple. Non seulement les connaît-il, mais il expérimente réellement nos souffrances avec nous. Le parallèle le plus proche dans l'expérience humaine est sans doute celui d'un parent qui voit son enfant souffrir.

La souffrance de Dieu avec son peuple est un thème dominant dans 1 Pierre, qui saisit l'importance centrale d'Ésaïe 53, et particulièrement l'idée d'une souffrance *substitutive,* d'une souffrance à notre place. Pierre l'applique ensuite à notre propre expérience de la souffrance, qui constitue en fait de petits morceaux de mort. Christ a souffert pour nous; nous souffrons en Christ.

> En effet, Christ aussi est mort une seule fois pour les péchés, lui juste pour des injustes, afin de vous amener à Dieu. (1 Pierre 3.18)

> C'est à cela, en effet, que vous avez été appelés, parce que Christ lui aussi a souffert pour vous et vous a laissé un exemple, afin que vous suiviez ses traces. (2.21)

> Lui qui a porté nos péchés en son corps sur le bois, afin que, morts à nos péchés, nous vivions pour la justice; lui dont la meurtrissure vous a guéris. (2.24)

Voilà la réponse merveilleuse et distinctement chrétienne à la souffrance. Premièrement, nous devons comprendre que la souffrance de Christ a un sens et un objectif bien précis. Deuxièmemement, nos souffrances nous identifient avec le Dieu qui a souffert.

Si les souffrances de Jésus n'avaient ni but ni sens, elles ne seraient que pitoyables. Quel autre but auraient-elles pu avoir, sinon celui d'accomplir quelque chose? De la même manière, si nos souffrances étaient sans but, elles seraient simplement pitoyables, et non pas quelque chose à comprendre – et certainement pas quelque chose dont nous pourrions nous *réjouir* (1 Pierre 4.13; voir Colossiens 1.24). Mais Pierre, comme les autres auteurs du Nouveau Testament, insiste sur le fait que la souffrance de Christ avait un but bien précis, à la fois pour régler le problème du péché et pour établir un lien avec nous.

Ce livre n'a pas pour thème l'expiation, mais nous devons nous rappeler que si la mort de Jésus n'avait rien accompli, alors ses souffrances ne voudraient rien dire, et les nôtres non plus. Si sa mort servait *seulement* à nous montrer à quel point il nous aime, elle ne nous montrerait en fin de compte que le fait qu'il était insensé. Si un ami saute d'un bateau et donne sa vie pour sauver quelqu'un qui se noie, nous dirions qu'il s'agit d'un acte d'amour, mais s'il saute et meurt uniquement pour « montrer » aux gens sur la rive à quel point il les aime, ou pour leur montrer comment « mourir noblement », nous dirions qu'il était fou. En réalité, c'est précisément parce que la mort de Christ nous sauve *réellement*, et détruit réellement la mort elle-même en supprimant la malédiction que Pierre et les autres auteurs du Nouveau Testament peuvent dire que la souffrance des chrétiens en Christ a un sens.

Le Dieu qui connait la souffrance

La raison principale pour laquelle les chrétiens insistent sur le fait que Dieu est digne de confiance dans la souffrance est peut-être qu'ils se souviennent que Dieu lui-même a vécu personnellement la souffrance. Un proverbe grec dit : « Un insensé apprend de ses souffrances. » Et puisque le péché nous a rendus stupides, alors nous devons souffrir pour apprendre. Aussi incroyable que cela puisse paraitre, Hébreux nous dit que *Jésus* a appris de ses souffrances (Hébreux 5.8), non pas parce qu'il était un pécheur insensé, mais parce qu'il s'identifiait à des pécheurs insensés. (Voir Ésaïe 53.12 : « Il a été compté parmi les coupables. ») La croix nous rappelle que Dieu lui-même sait ce que signifie souffrir, il a déjà porté le poids de la souffrance qui résulte du péché – et il a triomphé. Comme Jésus-Christ a supporté et ainsi a vaincu la souffrance, nous sommes rendus capables de la supporter.

Pourquoi le récit de la souffrance de Christ, qu'on appelle le « récit de la Passion », a-t-il été si apprécié pendant presque toute l'histoire de l'Église avant ce présent siècle? Probablement parce que dans la plupart des siècles, les gens ont vécu beaucoup de souffrances au cours de leur vie – et il est très réconfortant de connaitre un Dieu qui a souffert. Dieu sait ce qu'est souffrir, non seulement parce qu'il voit la souffrance avec beaucoup plus de clairvoyance que nous, mais parce qu'il a lui-même souffert, de la manière la plus terrible qui soit, la séparation de sa propre famille (la Trinité), à cause de l'immensité de sa propre colère envers le péché.

Nous devons être prudents quand nous parlons de Dieu comme étant le Dieu souffrant. Certaines personnes pensent que la souffrance de Christ dépeint un Dieu vulnérable, victime, un sympathisant pathétique qui ne peut rien faire, et par conséquent souffrant à nos côtés, ressentant nos frustrations comme nous pouvons le faire lorsque nous regardons nos enfants souffrir, impuissants. Selon cette position, Dieu nous a montré son amour en envoyant son Fils, afin qu'il souffre et meure, alors que lui-même se tient là impuissant et regarde. Bien qu'il soit bon d'avoir un ami qui sache être là, quoiqu'impuissant, ce n'est pas le genre de Dieu qu'il nous faut, et ce n'est pas le genre de Dieu que nous décrit la Bible. La Bible dépeint un Dieu *victorieux* sur la souffrance et la mort. Il a envoyé son Fils, non pas pour qu'il connaisse simplement la souffrance, mais pour qu'il vainque, et détruise le péché et la souffrance. L'histoire ne s'arrête pas à la crucifixion. La mort de Christ était la mort de la mort.

Ce rappel que Dieu sait ce qu'est la souffrance en Jésus nous garde d'exagérer l'« impassibilité » de Dieu dont les théologiens parlent parfois, comme si Dieu, parce qu'il est immuable, ne peut être ému de compassion ou ressentir d'émotions. La Bible parle à maintes reprises du Dieu qui est ému de compassion, qui prend pitié, qui est en colère, qui se réjouit. Il est vrai que Dieu n'éprouve pas d'« émotions » de la même manière que nous (par des processus neurochimiques qui changent avec le temps), mais Dieu ne « pense » pas non plus comme nous (avec un cerveau et des séquences chronologiques) et cependant, il est rare que les chrétiens suggèrent que Dieu n'exprime pas de pensées! Nos pensées sont modelées sur les pensées de Dieu et nos émotions sont modelées sur quelque chose qui se trouve également en Dieu.

Nous pouvons donc parler du Dieu souffrant, parce que Dieu a connu l'agonie de la perte par la mort, la séparation d'un bien-aimé, et la haine de la part des hommes. Mais il a connu ces choses, non comme un être impuissant, mais conquérant. Nous avons un Père qui peut et va « arranger » les choses.

Selon 1 Pierre 2.21, le dessein souverain de Dieu pour son peuple est qu'il souffre, parce qu'il doit suivre les traces de Christ. La souffrance est un gain pour les croyants, car elle constitue l'expérience de l'alliance du jugement en Christ qui les sanctifie et accuse le monde. La souffrance nous lie en quelque sorte à Christ plus qu'aucune autre expérience terrestre ne le peut.

La souffrance lie le croyant à Christ

La souffrance produit une solidarité entre les gens. Malgré les difficultés et les épreuves de la Grande Dépression, beaucoup de gens qui l'ont vécue s'en souviennent comme d'une époque où les gens s'entraidaient, et la notion de communauté était alors très forte. Maintenant aussi, quand un voisinage est frappé par un désastre naturel, ou par la guerre, des voisins qui se connaissaient à peine de vue se rapprochent les uns des autres et deviennent une véritable communauté.

Un autre exemple, encore meilleur, est l'histoire d'Ewald et de Willi, deux enfants en Allemagne pendant la Seconde Guerre mondiale. Avant la guerre, ils se disputaient et se méprisaient, comme bien des frères le font. Après la guerre, vivant seuls et sans parents, ils ont survécu en mendiant et en volant les Américains, et sont devenus des frères très proches. C'était une période horrible pour eux, mais jusqu'à ce jour, ils sont restés très proches. Ces exemples sont pourtant de pâles reflets de la souffrance de Christ qui l'unit à nous, le peuple de l'alliance de Dieu.

La notion de l'identité par l'alliance est si forte dans la Bible que les souffrances et la mort de Christ sont en réalité *devenues* les souffrances et la mort de son peuple. Nous avons été crucifiés avec Christ, selon Paul (Galates 2.20). L'inverse est également vrai : les souffrances et la mort de son peuple sont aussi les souffrances et la mort de Christ dans un certain sens. La première épître de Pierre nous dit en effet que tout comme Jésus a été mis à mort dans la chair, mais rendu vivant par l'Esprit (3.18), les hommes ont aussi été jugés dans la chair, mais vivent pour Dieu par l'Esprit (4.6). Ce qu'il est important de noter, c'est que *la souffrance du chrétien est christologique* : « Réjouissez-vous de participer aux souffrances du Christ » (4.13). Quoiqu'elles ne soient jamais désirables en elles-mêmes, nos souffrances sont donc précieuses. Jacques 1 dit : « Considérez [les épreuves] comme un sujet de joie complète », et Mathieu 5 dit : « Heureux ceux qui sont persécutés à cause de la justice. »

Paul parle de nos souffrances comme d'une « communion » avec les souffrances de Christ. Paul rattache en fait cette idée à sa doctrine de la justification par Dieu qui vient par la foi. Dans Philippiens 3.8-10, il dit :

> Et même je considère tout comme une perte à cause de l'excellence de la connaissance du Christ Jésus, mon Seigneur. À cause de lui, j'ai accepté de tout perdre, et je considère tout comme des ordures, afin de gagner Christ, et d'être trouvé en lui, non avec une justice qui serait la mienne et qui viendrait de la loi, mais avec la justice qui est (obtenue) par la foi en Christ, une justice provenant de Dieu et fondée sur la foi. Mon but est de le connaître, lui, ainsi que la puissance de sa résurrection et *la communion de ses souffrances, en devenant conforme à lui dans sa mort.*

Les chrétiens partagent la souffrance de Christ, et cette souffrance avec Christ est un privilège qui confirme notre justification par lui.

C'est aussi pourquoi Paul peut faire cette incroyable affirmation que ses souffrances « complètent » ce qui manque aux souffrances de Christ (Colossiens 1.24). Paul exprime très clairement dans ses écrits que les souffrances de Christ, et seulement ces souffrances, ont accompli la rédemption dans sa totalité, et que nous n'y ajoutons rien. Mais d'une certaine manière, la souffrance de Paul est si étroitement liée à celle de son Seigneur qu'elle a une part dans l'activité rédemptrice. Souffrir en Christ est un merveilleux privilège. La souffrance de Paul, et je crois la juste souffrance de chaque croyant, a un sens, parce qu'elle est liée à la souffrance pleine de sens de Christ.

Pourquoi les sacrements qui symbolisent notre union avec Christ sont-ils si macabres? Pourquoi le corps brisé et le sang? Parce qu'ils font référence à nos souffrances! Lorsque nous prenons la communion, nous nous identifions à Christ dans sa souffrance et dans sa mort. Nous déclarons que nous prenons part à la souffrance de Christ. La communion nous rappelle que la souffrance de Christ a un sens, et notre participation à cette souffrance a un sens.

Malheureusement, nous n'insistons pas assez sur la communion dans nos églises, parce que le symbole est un rappel tangible et physique qui représente puissamment notre connexion à la souffrance et à la mort de Jésus. Les gens qui souffrent ne sont d'habitude pas très encouragés par la doctrine, à moins que cette doctrine soit en quelque sorte personnelle. Job n'a certainement pas bénéficié de la « saine doctrine » que ses amis lui ont récitée *ad nauseam*. Par contre, il a été encouragé par sa conviction que son parent rédempteur se lèverait un jour, parce qu'il ne s'agissait pas simplement d'une vérité exprimée, mais d'une personne réelle. La communion renforce notre connexion personnelle avec Jésus, et c'est elle, et non pas de simples affirmations – quoique vraies – au sujet de Jésus, qui constitue la bouée de sauvetage du chrétien qui souffre. Il ne s'agit pas de minimiser l'importance de la vérité énoncée de manière structurée. Mais cette dernière ne sera importante pour nous que si nous nous l'approprions personnellement. Et lorsque nous souffrons, la souffrance de Christ devient beaucoup plus personnelle.

Une telle identification avec la souffrance de Jésus est également la source de l'espérance. Christ a appris son humanité par ses souffrances (Hébreux 5.8). Nous apprenons à vivre comme Christ par nos souffrances. De cette façon, *notre* histoire ne se termine pas par la souffrance et la mort non plus. Comme le dit Paul :

> En effet, si nous sommes devenus une même plante avec lui par la conformité à sa mort, nous le serons aussi par la conformité à sa résurrection. (Romains 6.5)

> Mais grâces soient rendues à Dieu, qui nous donne la victoire par notre Seigneur Jésus-Christ!
> (1 Corinthiens 15.57)

Si nous participons à la mort de Christ, nous participons aussi à sa résurrection. Paul répète à plusieurs reprises que nous qui sommes morts avec Christ ressusciterons également avec lui, et effectivement, nous sommes déjà en quelque sorte vivants avec lui dans l'anticipation de cet évènement (Romains 6.4; 8.11; 1 Corinthiens 15.12-20; Éphésiens 2.6; Colossiens 3.1). Le fait d'être déjà ressuscités avec lui signifie que nous sommes déjà semblables à lui.

Des pierres vivantes et la Pierre vivante

De la même manière que Christ s'est identifié à nous par ses souffrances, nous sommes identifiés à Jésus par nos souffrances, et nous commençons à nous revêtir de son caractère. Pierre présente cette vérité de manière symbolique en comparant les chrétiens comme étant des pierres, à Christ la Pierre vivante d'Ésaïe 8.14; 28.16 et du Psaume 118.22.

> Approchez-vous de lui, pierre vivante, rejetée par les hommes, mais choisie et précieuse devant Dieu, et vous-mêmes, comme des pierres vivantes, édifiez-vous pour former une maison

spirituelle, un saint sacerdoce, en vue d'offrir des victimes spirituelles, agréables à Dieu par Jésus-Christ; car il y a dans l'Écriture :

Voici, je pose en Sion une pierre angulaire, choisie, précieuse, et celui qui croit en elle ne sera pas confondu.

L'honneur est donc pour vous qui croyez. Mais, pour les incrédules,

La pierre qu'ont rejetée ceux qui bâtissaient est devenue la principale, celle de l'angle

et

une pierre d'achoppement et un rocher de scandale.

Ils s'y achoppent en désobéissant à la parole, et c'est à quoi ils ont été destinés. Vous, par contre, vous êtes une race élue, un sacerdoce royal, une nation sainte, un peuple racheté, afin d'annoncer les vertus de celui qui vous a appelés des ténèbres à son admirable lumière. (1 Pierre 2.4-9)

La pierre principale, la « pierre de l'angle » (v.7), ou « pierre angulaire » (v. 6) fait clairement référence à Jésus. Comme Pierre le fait remarquer, l'Ancien Testament prophétise que des gens rejetteraient celui sur qui le peuple de Dieu (la maison de Dieu) serait bâti. Comment quelqu'un qui souffre peut-il être la pierre de fondation? L'idée d'un Messie souffrant était inacceptable pour la plupart des Juifs. Et pourtant, c'est exactement ce Messie souffrant et rejeté que Dieu a choisi pour être la « pierre angulaire ». Pierre continue en soulignant le fait que tout comme des individus ont rejeté la pierre principale, ils rejetteraient aussi toutes les autres « pierres » qui lui sont rattachées.

N'est-il pas étonnant que des gens se détournent de ceux qui souffrent, de sorte que ceux qui souffrent, souffrent doublement – premièrement par la souffrance et la perte en tant que telles, et ensuite en perdant des amis? Jésus lui-même, au moment de sa plus grande souffrance, a été abandonné par la plupart de ses amis. Parfois, cela nous arrive aussi. Tout comme la pierre principale a souffert, toutes les pierres peuvent s'attendre à souffrir. Et pourtant, la pierre principale, comme les autres du fait de leur connexion, sont précieuses pour Dieu (v. 4, 9), malgré, ou peut-être à cause de leur souffrance et de leur rejet.

Il s'agit ici d'un grand mystère. D'une certaine manière, la souffrance établit un lien entre Christ et nous, et entre nous et Christ, et c'est ce qui nous rend capables de savoir qu'il participe à notre expérience de souffrance, et que nous participons à ses souffrances et à sa gloire. La souffrance est ce qui fait de Jésus la pierre angulaire de son peuple. La souffrance est également ce qui fait de nous des pierres qui sont posées sur ce fondement.

Le jugement de Dieu et le peuple de Dieu

Pierre plonge au cœur de ce mystère lorsqu'il dit que « c'est le moment où le jugement va commencer par la maison de Dieu » (4.17). Cela semble étrange, parce que Pierre a affirmé que ceux qui souffrent en « faisant le bien » sont *heureux*. Comment le fait de souffrir en faisant le bien peut-il être considéré comme le début du jugement de Dieu?

La souffrance est un jugement parce qu'elle produit un discernement, un tri entre ce qui est bien et mal; c'est comme un procès par l'épreuve (voir 3.20-21, où le déluge, un jugement de Dieu, était le moyen de délivrer Noé du mal). La souffrance permet à un chrétien d'apercevoir son propre péché plus clairement et lui permet de l'épurer. Elle lui permet également de voir sa connexion à Christ plus clairement.

Ces aspects de la souffrance (la participation aux souffrances et au jugement divin de Jésus) sont reliés. Pierre semble premièrement utiliser le terme « souffrir » de la même manière que Paul utilise « mourir », comme un terme d'identité par l'alliance. Par exemple, dans 1 Pierre 2.21 (et probablement 3.18 aussi, bien que les manuscrits diffèrent), nous retrouvons « Christ *a souffert* pour vous », tout comme Paul dirait « Christ *est mort* pour vous ». De la même manière que le baptême est présenté dans le livre de Romains comme un *sacrement* d'identification avec Christ, la souffrance est présentée dans 1 Pierre comme une *expérience* d'identification avec Christ. Et donc, dans 1 Pierre 4.1, il est dit : « car celui qui a souffert dans la chair en a fini avec le péché », ce qui est semblable au commentaire de Paul dans Romains 6.2-4, qui dit en effet que « nous tous qui avons été *baptisés* en Christ Jésus, c'est en sa mort que nous avons été baptisés ».

Le point important est que la souffrance et la mort de Christ sont les moyens que Dieu a utilisés pour unir Christ à son peuple. La souffrance est donc également le moyen que Dieu emploie pour appliquer cette union à notre expérience. Ceux qui participent aux souffrances de Christ partagent aussi son jugement – à la fois sa condamnation du péché dans sa mort, et sa justification par la suite. Nous voyons le principe énoncé dans 1 Pierre 1.11-12 manifesté clairement, à savoir que les prophéties concernant les souffrances de Christ et les gloires à venir sont également « pour vous ».

Toutes ces choses ont des conséquences très pratiques dans nos vies. L'identification avec Christ dans ses souffrances est la source de la purification et de la discipline qui ont lieu dans les souffrances, et dont nous reparlerons plus tard. Considérez un instant le passage que nous venons de mentionner, 1 Pierre 4.1 :

> Ainsi donc, puisque Christ a souffert dans la chair, vous aussi armez-vous de la même pensée; car celui qui a souffert dans la chair en a fini avec le péché.

Il peut sembler que la souffrance amène une personne à ne plus pécher, mais nous savons que ceux qui souffrent sont encore de grands pécheurs. Cependant, si nous avons souffert en Christ, alors nous n'appartenons plus au royaume du péché. Pour Paul, le croyant est mort en Christ, mais doit également mourir quotidiennement. Remarquez encore une fois que Pierre utilise le terme « souffrir » de manière très similaire à Paul quand il utilise « mourir ». Comparez ces affirmations avec Romains 6.5-10 :

> En effet, si nous sommes devenus une même plante avec lui par la conformité à sa mort, nous le serons aussi par la conformité à sa résurrection; nous savons que notre vieille nature a été crucifiée avec lui, afin que ce corps de péché soit réduit à l'impuissance et que nous ne soyons plus esclaves du péché; car celui qui est mort est quitte du péché. Or, si nous sommes morts avec Christ, nous croyons que nous vivrons aussi avec lui sachant que Christ ressuscité d'entre les morts ne meurt plus; la mort ne domine plus sur lui. Car il est mort, et c'est pour le péché qu'il est mort une fois pour toutes, et maintenant qu'il vit, il vit pour Dieu.

Paul dit que Christ est mort pour nous, et en conséquence, nous sommes morts avec Christ. Pour Pierre, le croyant a souffert en Christ, mais nous devons aussi souffrir maintenant. L'expérience actuelle de la souffrance est simplement un résultat de ce qui est déjà accompli, à savoir notre identification à Christ dans la souffrance. La souffrance n'est pas uniquement passée (4.1), mais doit être continuelle (4.13). Remarquez le temps présent :

« Réjouissez-vous de participer [présent] aux souffrances du Christ... ». Paul semble faire référence à la souffrance d'une manière similaire dans 2 Corinthiens 4.11 : « Car nous qui vivons, nous sommes sans cesse livrés à la mort à cause de Jésus, afin que la vie de Jésus se manifeste aussi dans notre chair mortelle. » Dans 1 Pierre 4.2-3, Pierre poursuit en déclarant que la souffrance devrait constituer une motivation pour ne plus pécher :

> ... afin de vivre, non plus selon les désirs humains, mais selon la volonté de Dieu pendant le temps qui lui reste (à vivre) dans la chair. C'est suffisant, en effet, d'avoir, dans le passé, accompli la volonté des païens en marchant dans le dérèglement, les convoitises, l'ivrognerie, les orgies, les beuveries et l'idolâtrie criminelle.

Comparez ce passage avec ce que dit Paul dans Romains 6.1-4 :

> Que dirons-nous donc? Demeurerions-nous dans le péché, afin que la grâce abonde? Certes non! Nous qui sommes morts au péché, comment vivrions-nous encore dans le péché? Ignorez-vous que nous tous qui avons été baptisés en Christ Jésus, c'est en sa mort que nous avons été baptisés? Nous avons donc été ensevelis avec lui dans la mort par le baptême, afin que, comme Christ est ressuscité d'entre les morts par la gloire du Père, de même nous aussi nous marchions en nouveauté de vie.

Nous avons observé plus tôt que Christ avait porté nos péchés par ses souffrances, pour que nous puissions mourir au péché et vivre pour la justice (1 Pierre 2.24). Il est intéressant de noter que Pierre, dans 2.24, n'utilise pas les mots habituels pour « mourir ». À la place, il utilise un mot qui signifie généralement partir, ou cesser de participer à quelque chose. L'identification avec Christ à nos souffrances signifie que nos souffrances *en lui* représentent un départ, un éloignement du péché. Ainsi, l'idée que la souffrance constitue une *discipline* ou une *purification* (voir un peu plus loin, au chapitre 8) prend une tout autre dimension. En nous liant aux souffrances de Christ, nos propres souffrances nous rendent semblables à Christ, et nous libèrent de la domination du péché. Paul a constaté qu'il devait mourir chaque jour (1 Corinthiens 15.31); Pierre nous rappelle que nous devons souffrir chaque jour. Notre souffrance quotidienne nous sépare progressivement du péché, afin que nous ne vivions plus pour notre propre satisfaction, mais pour la satisfaction de Dieu.

Ainsi, lorsque Pierre dit dans 1 Pierre 4.17 que le jugement commence par la maison de Dieu, il place la souffrance des chrétiens dans le contexte de la rédemption. Alors même que le jugement est tombé sur Christ, nous aussi, en Christ, faisons l'expérience d'une partie du jugement de Dieu, non pas pour notre propre péché, mais comme faisant partie de l'œuvre formidable de la rédemption, en Christ et par Christ. Nous ne sommes pas condamnés à la fin de l'histoire, parce que nous avons déjà fait face à la mort en Christ. Cette expérience préalable du jugement nous donne dès maintenant le pouvoir sur nos ennemis spirituels. Rappelez-vous qu'il nous est dit dans 4.1 de nous armer de cette pensée, que celui qui a souffert a cessé de pécher. La souffrance, loin d'être insignifiante, nous prépare pour le combat contre les forces du mal – elle nous prépare à faire le bien. Pierre dit donc que nous avons toutes les raisons de nous confier dans le Créateur fidèle en faisant ce qui est bien.

Pour poursuivre la réflexion :

1. Dieu est-il victime de la souffrance? Si c'est le cas, comment pouvons-nous dire qu'il est aux commandes? Si ce n'est pas le cas, comment peut-il vraiment compatir avec nous lorsque nous n'avons pas d'autre choix que de souffrir?

2. En quoi la souffrance de Christ donne-t-elle un sens à notre souffrance?

3. Si vous avez souffert, considériez-vous alors une telle expérience comme le fait de souffrir avec Christ? Pourquoi, ou pourquoi pas?

4. Si Dieu est infini, éternel et immuable, comment peut-il être « ému » par quoi que ce soit qui nous arrive?

5. Quel est le rapport entre le jugement de Dieu et souffrir en Christ?

6. Avez-vous déjà vécu l'expérience de vous rapprocher de quelqu'un parce que vous aviez souffert ensemble? Selon vous, la souffrance vous rapproche-t-elle de Dieu, ou vous éloigne-t-elle de lui? Pourquoi produirait-elle l'un plutôt que l'autre?

7. Votre expérience de la souffrance vous a-t-elle aidé à vaincre le péché, ou vous a-t-elle préparé à y résister?

Chapitre 6

Pourquoi les chrétiens souffrent-ils? (2)

La souffrance comme témoignage

Le chapitre 4 de la première épître de Pierre souligne le fait que le fruit de la souffrance, qui consiste à vivre pour plaire à Dieu, ne passe pas inaperçu chez les incroyants. Ils ne le comprennent pas, et parfois ils réagissent à cette vie qu'ils voient chez les croyants en les persécutant. C'est particulièrement vrai lorsqu'un nouveau chrétien cesse de participer au péché de ses anciens partenaires (4.3-4). Je me souviens, alors que j'étais à l'université, que lorsqu'un individu devenait chrétien, la première et la plus grande difficulté qu'il rencontrait était de faire face à ses colocataires et à ses amis qui devenaient furieux et sarcastiques.

Pierre indique à plusieurs reprises qu'une des principales raisons pour la souffrance des chrétiens, et la raison pour laquelle ils doivent souffrir, est simplement parce qu'ils sont chrétiens. Remarquez particulièrement 1 Pierre 4.15-16 :

> Que nul de vous ne souffre comme meurtrier, comme voleur, comme malfaiteur ou comme se mêlant des affaires d'autrui; mais si c'est comme chrétien, qu'il n'en rougisse pas; qu'il glorifie plutôt Dieu à cause de ce nom.

Il répète simplement l'enseignement de Jésus (Jean 15.20-21) :

> Souvenez-vous de la parole que je vous ai dite : Le serviteur n'est pas plus grand que son maître. S'ils m'ont persécuté, ils vous persécuteront aussi; s'ils ont gardé ma parole, ils

garderont aussi la vôtre. Mais tout cela, ils vous le feront à cause de mon nom, parce qu'ils ne connaissent pas celui qui m'a envoyé.

La souffrance en Christ est un merveilleux témoignage. Le grand « mandat d'apologétique » que constitue 1 Pierre 3.15 – être toujours prêts à vous défendre contre quiconque vous demande raison de l'espérance qui est en vous – se trouve dans le contexte d'un passage qui parle de la souffrance, entre autres parce que la souffrance est un problème, et aussi parce que la capacité du chrétien à donner la raison de son espérance alors qu'il souffre est un des outils de l'Église les plus efficaces pour témoigner. Paul a dit aux chrétiens de Philippes qu'il souffrait « pour la défense de l'évangile » (Philippiens 1.16). De plus, les souffrances de Paul n'étaient pas seulement un témoignage pour des gens comme la garde prétorienne (de la maison de César), mais elles sont également devenues un encouragement à partager l'Évangile pour les autres chrétiens (Philippiens 1.14). Puisque les souffrances de Christ sont un témoignage si efficace, et une preuve de la fidélité de Dieu, Paul considère que c'est un privilège de souffrir, et il dit aux Philippiens qu'ils ont aussi ce privilège (Philippiens 1.29). Comme Tertullien l'a affirmé, le sang des martyrs est la semence de l'Église.

Quel genre de souffrance compte?

L'éloge de la louange, non seulement dans 1 Pierre, mais partout ailleurs dans le Nouveau Testament, porte sur la souffrance à cause de Christ. « Mais si c'est comme chrétien [que quelqu'un souffre], qu'il n'en rougisse pas; qu'il glorifie plutôt Dieu à cause de ce nom » (1 Pierre 4.16). Participer aux souffrances de Christ (4.13) signifie par-dessus tout être affligé précisément du fait d'être chrétien. Cela signifie-t-il que seule la persécution des chrétiens, précisément *parce qu'ils sont chrétiens*, nous lie aux souffrances de Christ?

Pierre donne en fait une raison d'affirmer que *toute* souffrance que nous supportons à cause de Christ nous identifie à lui. Dans 1 Pierre 2, les esclaves qui souffraient à cause de maîtres difficiles ne souffraient pas distinctement parce qu'ils s'identifiaient eux-mêmes comme chrétiens. Les esclaves souffraient fréquemment simplement parce que leurs maîtres étaient partiaux et injustes. Mais ils souffraient malgré tout comme Christ (v. 20-21), parce qu'ils souffraient non pour avoir fait le mal, mais pour avoir fait le bien. Parce qu'ils se sont accrochés à Christ alors qu'ils supportaient des épreuves, leurs souffrances avaient un sens. Pierre dit (2.19) : « Car c'est une grâce que de supporter des peines, par motif de conscience envers Dieu quand on souffre injustement. » Qu'est-ce qui fait qu'une souffrance est subie « à cause de Christ »? S'agit-il de la motivation de la personne ou de la cause de la souffrance? Non, il s'agit de l'attitude, ou conscience de la personne qui souffre. Ainsi, toute affliction peut constituer une souffrance pour Christ, lorsque nous la supportons pour Christ.

Cela signifie-t-il que la souffrance à cause de la maladie ou d'un accident peut être une souffrance « pour Christ »? Oui, en effet. Rappelez-vous que Job a souffert de la bonne manière, et a été félicité à cause de cela. Sa souffrance a été provoquée non par des gens qui l'auraient affligé à cause de sa foi, mais par Satan. Selon Jésus, la maladie oppressante est une affliction par Satan (Luc 13.16). Le ministère de guérison de Jésus était donc un aspect de sa victoire sur Satan (voir Actes 10.38) : « Jésus de Nazareth… allait de lieu en lieu en faisant le bien et en guérissant tous ceux qui étaient sous l'oppression du diable; car Dieu était avec lui. » Et Satan nous afflige certainement au moyen de maladies, de dépendances et de l'oppression à cause de notre foi en Dieu. Dieu est donc glorifié lorsque nous supportons la souffrance pour Christ, parce que c'est une victoire sur Satan. Cette victoire sur Satan est probablement la raison principale pour laquelle Pierre inclut la mention de « prêcher aux esprits en prison » dans 1 Pierre 3.

Christ a prêché aux esprits en prison

Nous lisons un passage très étrange dans 1 Pierre 3.18-22, que bien des gens préfèrent laisser de côté. Il a été interprété de plusieurs manières, mais il n'y a que deux options qui sont envisageables[25].

> 1. Augustin croyait que Pierre faisait référence à Jésus qui a annoncé l'Évangile par la bouche de Noé aux gens vivant avant le déluge, et qu'il les avertissait de la colère à venir. Noé aurait sans doute été abondamment ridiculisé à cause de ce message, de la même manière que les gens dans la situation décrite dans 1 Pierre ont été calomniés. Même si Noé ne « prêchait » pas dans le sens habituel du terme (Genèse ne mentionne pas que Noé ait essayé d'avertir ses voisins), le simple fait qu'il se soit préparé pour le déluge imminent était un témoignage de sa conviction que le jugement de Dieu allait venir. Si cette interprétation est exacte, elle nous rappelle que bien que nous souffrions maintenant à cause de notre témoignage, notre justification est assurée.

> 2. L'autre option suggère que Pierre s'inspirait de la tradition juive au sujet d'Énoch, un homme pieux, qui a annoncé le jugement contre les anges mauvais. Bien que rien n'y fasse référence dans Genèse, il y avait un livre,

maintenant connu sous le nom de *1 Énoch*, qui raconte cette histoire en détail. Selon cette position, Pierre s'inspire de cette légende et implique que Christ a annoncé la victoire sur ces anges mauvais par sa mort et sa résurrection. Jésus aurait ainsi été « un plus grand Énoch », qui a souffert, mais a été justifié. Nous voyons certainement dans 3.22 un Jésus victorieux sur « les anges, les pouvoirs et les puissances », les mauvais esprits qui contrôlaient les temps anciens. Il existe aussi beaucoup de parallèles linguistiques entre ce passage et 1 Énoch qui encouragent plusieurs érudits à adopter cette interprétation.

Si telle était l'intention de Pierre, les chrétiens seraient également encouragés dans leurs souffrances. Le monde antique voyait la vie, y compris le mal, de manière beaucoup plus personnelle que nous pouvons le concevoir aujourd'hui. Nous avons aseptisé et dépersonnalisé le mal. Mais pour ceux qui savaient que Satan et ses cohortes étaient à la source de la persécution et de l'oppression des chrétiens (comme nous pouvons le voir dans l'Apocalypse, par exemple), ce passage constituait un rappel que les esprits mauvais, qui semblent maintenant avoir tant de pouvoir, et qui infligent toutes sortes de souffrances au peuple de Dieu, sont déjà vaincus par la mort et la résurrection de Jésus. De plus, selon cette interprétation, la souffrance de Christ lui-même est un témoignage, quoique négatif pour les démons, du fait que Dieu est fidèle dans la souffrance.

Mais que ce passage soit compris comme une proclamation de la victoire de Christ sur les anges déchus, ou comme la prédication de Christ annonçant le salut par la bouche de Noé, la clé réside dans le fait que les *souffrances* de Christ sont une proclamation en tant que telle – un témoignage de la fidélité de Dieu. Jésus a souffert, mais il est aussi ressuscité, et il siège maintenant à la droite de Dieu, victorieux sur tous ses ennemis. Le chemin de l'exaltation passe par la vallée des souffrances. Et c'est pour cette raison que les Écritures affirment à plusieurs reprises que les chrétiens sont d'une certaine manière *appelés* à souffrir. Nous en trouvons un exemple dans 2 Timothée 3.12 : « Tous ceux d'ailleurs qui veulent vivre pieusement en Jésus-Christ *seront* persécutés. » Il est évident que la souffrance, y compris la souffrance aux mains d'autres personnes, et certainement aux mains de Satan, est inévitable pour le chrétien.

Il n'est donc pas étonnant que nous devions être « toujours prêts ». Il est difficile de se tenir prêt en tout temps. Pierre, comme Paul, utilise souvent la terminologie militaire pour décrire la vie chrétienne (par exemple, 1.13; 4.1). Les gens qui sont allés au combat savent qu'il est difficile d'être prêts ainsi, mais que c'est essentiel. Des jours, des semaines et des mois d'inaction défileront, suivis de deux jours d'action intense. L'apôtre nous rappelle dans 1 Pierre 4.12 que nous ne devrions pas être surpris par la souffrance, mais que nous devons être prêts à y faire face – afin que notre souffrance soit un témoignage.

L'affliction n'est pas nécessairement physique – d'ailleurs dans 1 Pierre, tous les indices spécifiques concernant la souffrance, à part celle des esclaves maltraités, semblent être d'ordre verbal : « quand les gens vous insultent, vous calomnient », etc. (voir 2.12; 3.16; 4.4, 14). Dans le même ordre d'idée, la phrase bien connue de Jésus dans Mathieu 5 – « Heureux serez-vous, lorsqu'on vous insultera, qu'on vous persécutera et qu'on répandra sur vous toute sorte de mal » (v.11) – parle principalement de la violence *verbale*. La persécution physique est habituellement précédée d'une accumulation de persécution verbale. Le fait que Dieu, malgré de telles calomnies, utilise ce genre de souffrance pour atteindre les incroyants, constitue un incroyable témoignage de sa puissance.

Et ils sauront que nous sommes chrétiens... à cause de nos souffrances

Parfois, la souffrance *gagne* des gens. Sans doute parce qu'elle est une bonne manière de « soupeser » le vrai caractère d'une personne. Nous avons précisé plus tôt que la souffrance peut constituer une évaluation. Il est difficile de prétendre quoi que soit lorsqu'on souffre. Quand un incroyant voit de quelle manière un chrétien lutte avec Dieu, sans pour autant cesser de s'attacher à lui (même à travers la colère et les questionnements), cette constatation exacerbe son propre vide. L'incroyant n'a pas de contexte ni de raison de demander légitimement : « Pourquoi? » Bien que nos souffrances en Christ ne soient pas réellement rédemptrices pour autrui, elles le sont en quelque sorte du fait que *nos souffrances exposent les souffrances de Christ*, et peuvent donc être utilisées par Dieu pour toucher les incroyants.

Pierre soulève ce point dans 1 Pierre 5.1. Il déclare être un *témoin* des souffrances de Christ. Ce verset constitue l'introduction à l'exhortation de Pierre aux dirigeants de l'église (5.1-4), et on néglige souvent le fait qu'il vient immédiatement après son exhortation envers ceux qui souffrent selon la volonté de Dieu afin qu'ils s'en remettent au Créateur fidèle en faisant le bien (4.19). Ainsi, lorsque Pierre déclare être un témoin des souffrances de Christ, et un participant à la gloire qui sera bientôt révélée, il relie de nouveau les souffrances des gens avec celles de Christ. Je ne pense pas que Pierre fasse référence au fait qu'il a *vu* la crucifixion – le récit des Évangiles suggère que Pierre s'était enfui, et que Jean était le seul des Douze à avoir vraiment vu la crucifixion. Pierre fait plutôt référence au fait qu'il *rend témoignage* aux souffrances de Christ. Il se peut même qu'il insinue qu'il a lui-même souffert, et qu'il est également un participant à la gloire (voir Romains 8.17). Quoi qu'il en soit, la recommandation voulant que ceux qui souffrent s'en remettent à Dieu (1 Pierre 4.19) doit être associée au témoignage évoquant les souffrances de Christ de 5.1, puisque « s'en remettre à Dieu » est exactement ce que Jésus a fait. Une telle confiance produit des fruits, parce que lorsque les autres voient cet écho de Jésus, le Saint-Esprit peut amener certains d'entre eux à mettre leur propre confiance en ce Créateur fidèle.

Nous devrions remercier Dieu de ce que les compagnies d'assurance ne couvrent d'habitude que des chambres à deux lits à l'hôpital parce que les non-chrétiens peuvent ainsi observer comment souffrent les chrétiens. Et les chrétiens, sachant que leurs souffrances sont observées, sont plus conscients de leur appel à souffrir d'une certaine manière. Je crois que nous pourrions argumenter qu'il s'agit peut-être d'une des manières les plus efficaces d'avoir un bon témoignage.

Ainsi donc, dans un certain sens, nos souffrances au nom de Christ sont souvent utiles non seulement pour notre propre croissance, mais pour la naissance spirituelle et la croissance des autres. Dans 2 Corinthiens 4.10-12, Paul remarque que ses souffrances ont eu pour résultat la bénédiction des Corinthiens.

> Nous portons toujours avec nous dans notre corps la mort de Jésus, afin que la vie de Jésus se manifeste dans notre corps. Car nous qui vivons, nous sommes sans cesse livrés à la mort à cause de Jésus, afin que la vie de Jésus se manifeste aussi dans notre chair mortelle. Ainsi la mort agit en nous, mais la vie en vous.

Remarquez que Paul dit que la mort *agit*. Dieu utilise la « mort » de Paul (faisant référence aux afflictions qui marquent l'union de Paul avec Christ), afin de produire la vie chez les Corinthiens. L'analogie évidente est celle des douleurs de l'enfantement. L'agonie d'une mère produit la vie pour l'enfant. Une mère qui donne la vie n'aime pas la douleur, mais elle accepte de la supporter dans l'intérêt de l'enfant. L'affliction de Paul était dans l'intérêt des Corinthiens. La souffrance d'Étienne était dans l'intérêt de Paul. L'origine de ce modèle se trouve dans la souffrance de Jésus pour tous ses enfants. À travers Jésus, la mort produit la vie.

C'est ce que Paul veut dire lorsqu'il déclare dans Colossiens 1.24 :

> Je me réjouis maintenant dans mes souffrances pour vous et je supplée dans ma chair à ce qui manque aux afflictions du Christ pour son corps qui est l'Église.

Les souffrances de Christ portent ses fruits chez ceux pour qui il est mort; Paul dit également que ses souffrances, comme un autre résultat des souffrances de Christ, portent des fruits dans la vie du peuple de Christ. De cette manière, le modèle se poursuit : une personne souffre, et ses souffrances portent des fruits dans la vie d'une autre. Sommes-nous prêts à partager les souffrances de Christ afin que nos souffrances soient utiles, non pas à nous-mêmes, mais à d'autres? Êtes-vous prêts à être abaissés afin que d'autres soient élevés? Remarquez que Paul s'est réjoui du *privilège* de souffrir pour le plus grand bien des autres, parce que cela le liait plus étroitement aux souffrances de Christ.

Et nous saurons que nous sommes chrétiens...
par notre souffrance

La souffrance d'une personne pieuse n'est pas seulement un témoignage pour les incroyants. Puisque la souffrance teste le courage, nous découvrons alors si nous croyons *réellement* les promesses de Dieu (voir 1 Pierre 1.7). Mais lorsque nous nous accrochons vraiment à Dieu, malgré notre incompréhension et la confusion quant au pourquoi de notre affliction, en définitive, notre confiance en Dieu s'en trouve grandie. C.S. Lewis a médité cette idée alors qu'il luttait face à la mort de sa femme :

> Des joueurs de bridge me disent : il faut jouer de l'argent, « autrement on ne jouerait pas sérieusement ». Apparemment, c'est ce qui se passe. Votre demande – un Dieu ou pas de Dieu, un Dieu bon ou le Sadique cosmique, la vie éternelle ou le néant – n'est pas sérieuse si la mise n'est pas très grosse. Et vous ne découvrirez jamais à quel point elle était sérieuse tant que les mises ne sont pas montées horriblement; tant que vous n'aurez pas découvert qu'on ne joue pas pour des jetons ou pour quelques sous, mais que l'enjeu est tout ce que vous possédez au monde. Il n'en faut pas moins pour faire sortir un homme – en tout cas un homme comme moi – d'une pensée purement verbale et de croyances purement notionnelles. Il faut l'assommer pour le faire revenir à lui. Seule la torture peut faire apparaître la vérité. Ce n'est que sous la torture qu'il la découvre lui-même[26].

Nous savons que *nous* sommes chrétiens par notre souffrance. Rappelez-vous que Job a été mis à l'épreuve *parce que Dieu l'approuvait* (Job 1). Jésus a été sévèrement mis à l'épreuve tout de suite après que Dieu l'ait approuvé du haut du ciel (Matthieu 3.17). Il se peut que nous souffrions, non pas par punition, mais pour la raison contraire – parce que Dieu nous approuve.

Nous devons nous montrer prudents, toutefois. Toutes les souffrances ne sont pas le signe de l'approbation de Dieu, toutes les souffrances ne nous rendent pas semblables à Christ, et ce ne sont pas tous ceux qui *pensent* que leur souffrance est en Christ qui sont vraiment liés à lui. Chaque personne qui souffre et qui s'associe à Christ doit s'examiner elle-même à ce sujet. Dans la chambre d'un hôpital de Philadelphie se trouve un jeune homme atteint du sida, qui a accroché à son mur une image de Jésus dans le jardin de Gethsémané. Il affirme : « Je suis là; je suis où Jésus était – je supplie de ne pas avoir à passer par cette mort. » Est-il proche de Jésus parce que c'est ce qu'il ressent? Peut-être. Peut-être pas.

Le problème est que les êtres humains peuvent mentalement se créer un « Jésus » selon leur propre image, et peuvent dissimuler le vrai Jésus derrière cette idole. Jésus dit non seulement qu'il faut croire à l'Évangile, mais qu'il faut également se repentir (Marc 1.15). La question ne consiste pas à savoir si cet homme *se sent* proche de cet être qu'il appelle « Jésus », mais s'il s'est repenti et s'est identifié au *vrai* Jésus. A-t-il reconnu qu'il avait besoin non seulement d'être délivré de la maladie et de la mort, mais aussi du péché? S'est-il soumis au règne souverain de Christ? Je ne connais pas le cœur de ce jeune homme. Et nous devons nous rappeler que la repentance est habituellement un processus – nous grandissons progressivement d'habitude, au fur et à mesure que nous reconnaissons la gravité de notre péché. Mais s'il n'a pas entamé le cheminement de la repentance, alors son espoir est artificiel, malgré sa souffrance.

Heureusement, la grâce de Dieu est grande. Et bien souvent, le véritable Jésus vient et détruit l'idole qu'était le jésus d'une personne, et permet la repentance véritable.

Partager la souffrance d'autres chrétiens

Non seulement les souffrances attirent-elles le chrétien plus près de Christ, mais elles l'amènent également plus près des autres chrétiens. Paul nous dit dans 1 Corinthiens 12.26 que « si un membre [du corps] souffre, tous les membres souffrent avec lui ». Lorsque d'autres souffrent dans l'église, nous souffrons. Lorsque nous souffrons, le reste de l'église souffre. De plus, l'expérience de la souffrance nous permet de réconforter ceux qui souffrent. Avant que j'aie connu la douleur physique intense des pierres au rein, j'avais pitié de ceux qui souffraient; par la suite, j'ai ressenti un *lien de parenté* avec eux. Je ressens un lien d'unité avec ceux qui ressentent ou ont ressenti des douleurs semblables. Dans 2 Corinthiens 1, Paul s'attarde un peu sur ce sujet :

> Car, de même que les souffrances de Christ abondent pour nous, de même aussi notre consolation abonde par le Christ. Si nous sommes affligés, c'est pour votre consolation et pour votre salut; si nous sommes consolés, c'est pour votre consolation, qui vous rend capables de supporter les mêmes souffrances que nous endurons. Et notre espérance à votre égard est ferme, car nous le savons : comme vous avez part aux souffrances, vous avez part aussi à la consolation. (v. 5-7)

Paul poursuit en partageant certaines des souffrances qu'il a endurées, et les considère comme étant bénéfiques, parce qu'elles l'ont amené à se confier davantage en Dieu. Mais voici ce qui importe : puisque Christ le console dans son affliction, il peut consoler les autres dans leur affliction. De plus, lorsqu'ils souffrent, ils ont part avec lui à la même consolation, c'est-à-dire à l'identification avec les souffrances de Christ.

Nous sommes certainement tous pareils. Je n'ai jamais exprimé mes sentiments très ouvertement, et j'ai tendance à me raidir devant les « amateurs d'accolades ». Mais pendant les quelques mois qui ont suivi la mort de mon père, j'ai constaté que ceux qui ignoraient mon comportement réticent et m'étreignaient malgré tout m'apportaient un grand réconfort. À quel point nos souffrances pourraient-elles être allégées si nous portions véritablement les fardeaux les uns des autres, ainsi que nous le commande la loi de Christ (Galates 6.2)! Lorsque nous nous identifions aux autres dans leurs souffrances, nous devenons encore davantage comme Jésus, qui « parce qu'il a supporté l'épreuve, est capable de venir en aide à ceux qui sont éprouvés maintenant » (Hébreux 2.18, traduction libre de l'auteur).

Pour poursuivre la réflexion :

1. En quoi l'expérience de la souffrance pour un chrétien peut-elle l'aider à être un témoin de Christ?

2. Avez-vous déjà subi de l'agressivité verbale parce que vous étiez chrétien? Comment avez-vous réagi?

3. Comment pouvons-nous être certains que nous souffrons parce que nous faisons le bien plutôt que parce que nous faisons le mal; pour la cause de Christ plutôt que parce que nous sommes irritants, méchants, orgueilleux, rigides ou têtus?

4. Votre foi a-t-elle déjà été ébranlée par un évènement? Cela vous aide-t-il à établir un lien avec d'autres qui ont vécu ou vivent la même expérience? Pourquoi?

5. Quelle explication à la « prédication de Christ aux esprits en prison » correspond le mieux au passage selon vous? Comment cela peut-il nous aider à comprendre la souffrance?

6. Si nous « devons entrer dans le royaume par la tribulation », cela veut-il dire que si nous ne souffrons pas, nous ne sommes pas chrétiens? Si quelqu'un *souffre* injustement, devons-nous supposer qu'il est sauvé?

7. Avez-vous déjà pensé à des manières de partager la souffrance d'autres chrétiens?

Chapitre 7

Pourquoi les chrétiens souffrent-ils? (3)

Entrainement à la droiture

La discipline n'est pas un sujet très recherché. C.S Lewis[27] a fait remarquer ce qui suit : « Nous souhaitons, en fait, non pas tant un Père dans le Ciel, qu'un grand-père, un personnage complaisant et sénile, heureux de voir, comme on dit, "la jeunesse s'amuser", et dont le plan concernant l'univers se réduirait à ce que, chaque soir, on puisse dire avec juste raison : "Tout le monde a eu du bon temps". » Mais Dieu n'est pas un vieux monsieur bien gentil; il est, de manière aimante, un père strict. Hébreux 12.5-12 nous dit que la discipline est une indication que nous sommes les enfants de Dieu. Dieu ne se préoccupe pas de discipliner les dépravés. Cela peut sembler incompréhensible, parce que les incroyants souffrent, eux aussi. Mais seule la souffrance des chrétiens peut être interprétée comme étant de la *discipline*. Sans le Saint-Esprit qui unit un croyant qui souffre à Christ, la souffrance ne fait qu'endurcir et rendre amer. La souffrance du non-chrétien n'est qu'un avertissement d'un jugement encore plus grand à venir.

Le châtiment

Au chapitre 2 verset 20 de sa première épître, Pierre mentionne la punition comme étant une cause possible de la souffrance, même pour un croyant (un esclave peut être puni pour avoir fait quelque chose de mal), et dans 1 Corinthiens 11, Paul souligne que certains sont morts parce qu'ils ont abusé du Repas du Seigneur.

Mais il n'y a rien de notable concernant la souffrance destinée à être une punition pour un comportement méchant. Une telle souffrance est logique et juste. La souffrance constitue entre autres une conséquence naturelle du péché. Si quelqu'un vole, il souffre en prison. Si quelqu'un est immoral sur le plan sexuel, il risque de contracter le sida.

Caryn avait conduit sa voiture jusqu'à la fête, mais elle s'amusait tellement avec son petit ami qu'elle ne voulait pas conduire pour rentrer chez elle. Elle a donné ses clés à un autre ami, Jim, et lui a demandé de conduire pour qu'elle puisse s'asseoir sur les genoux de son petit ami pendant le retour. En descendant une colline à une trop grande vitesse, Jim a perdu le contrôle de la voiture et ils se sont écrasés sur le côté d'un bâtiment. Tous sauf Caryn avaient leur ceinture de sécurité et n'ont subi que de légères blessures, mais Caryn, qui était assise sans ceinture sur les genoux de son petit ami, a été éjectée de la voiture et s'est fracassé le coccyx. Pendant deux semaines, elle est restée couchée sur un lit d'hôpital dans d'intenses douleurs. Caryn a agi de manière insensée et irresponsable, et en a souffert.

Il en est de même pour Jim, le conducteur. Caryn a complètement récupéré, et elle est devenue la vedette de son équipe de hockey sur gazon, mais deux ans plus tard, elle a poursuivi Jim en justice pour couvrir des frais médicaux, et pour les préjudices qu'elle a subis pendant ces deux semaines, ainsi que pour d'éventuels préjudices, et a obtenu une compensation considérable pour chacune des trois requêtes. Caryn a été récompensée en fin de compte pour sa stupidité. Mais le monde ne donne pas en général ce genre de récompense. Dieu a créé l'univers de telle manière que le comportement insensé, irresponsable ou encore immoral produira tôt ou tard de la souffrance. Et il est rare que de telles souffrances viennent avec des compensations.

Cela est vrai pour le chrétien et pour le non-chrétien également. Mais là aussi, il existe une différence entre la souffrance du croyant et celle de l'incroyant parce que le croyant sait que la punition entière que mérite son comportement pécheur a déjà été portée par Christ. De plus, il y a une différence concernant la manière dont un croyant et un incroyant réagissent aux conséquences douloureuses de leurs actions empreintes de péché. Un croyant qui est sensible au Saint-Esprit verra le lien entre cause et effet, et bien que cela puisse prendre du temps, un chrétien se repentira du péché qui a causé le geste, et acceptera la responsabilité.

On peut observer un croyant qui a souffert à cause de son péché dans le Psaume 32.3-5. Remarquez comment il a longtemps refusé de reconnaitre son péché, mais la souffrance a fini par le conduire à la repentance :

> Tant que je me suis tu, mes os se consumaient,
> Je gémissais toute la journée;
> Car nuit et jour ta main pesait sur moi,
> Ma vigueur n'était plus que sécheresse, comme celle de l'été.
> Je t'ai fait connaître mon péché,
> Je n'ai pas couvert ma faute ;
> J'ai dit : Je confesserai mes transgressions à l'Éternel !
> Et toi, tu as enlevé la faute de mon péché.

Dieu discipline fréquemment ses enfants pour les rendre capables de reconnaitre leur péché. Mais l'incroyant, ou même un croyant qui résiste à l'Esprit, jettera souvent le blâme sur quelque chose ou quelqu'un d'autre, alors qu'il est évident que la personne a causé sa propre souffrance. (Il se peut même que pour un temps, ils s'en tirent, comme Caryn.) Le fait de jeter le blâme est flagrant, par exemple, lorsqu'un individu non repentant souffre du sida à cause d'un comportement libertin homosexuel. Nous ne devrions pas pointer démesurément le doigt vers ceux qui souffrent du sida, puisque cette maladie n'est pas toujours la conséquence d'un style de vie en particulier, et parce que même lorsque c'est le cas, ces gens ne sont pas de plus grands pécheurs que n'importe lequel d'entre nous. Mais tragiquement, certains de ceux qui sont atteints du sida se sont endurcis au point où ils sont furieux, non pas envers eux-mêmes, ni même envers l'« amant » par qui ils l'ont contracté. Ils sont en colère contre leurs parents qui ne les ont pas aimés inconditionnellement, ou contre Dieu qui a créé une maladie si injustement sélective, ou encore contre la société qui les a poussés à une vie libertine à force d'ostraciser l'homosexualité. Et quiconque ose souligner le lien évident de cause entre leur séropositivité et leur comportement sexuel se voit violemment accusé d'« homophobie ».

J'imagine qu'il est de plus en plus difficile pour les homosexuels de se repentir dans l'atmosphère d'aujourd'hui, parce qu'ils ont investi tellement d'efforts pour justifier leur style de vie, et ont adopté une culture qui l'a justifié. Se repentir dans de telles circonstances signifie abandonner tous ces efforts, et renoncer à cette même culture qui les a soutenus et a répondu à leurs besoins sociaux et émotionnels. Un homosexuel ne pourra se repentir que lorsqu'il y aura un autre environnement social prêt à répondre à ces besoins, et dans le passé l'Église n'a pas été prête à pourvoir à cet environnement pour les gais et lesbiennes.

De plus, il faut beaucoup de temps pour reconnaitre la responsabilité pour sa propre condition, et cela exige plusieurs étapes. Or, les gens qui ont le sida n'ont d'habitude pas beaucoup de temps. La repentance n'est généralement pas instantanée, mais il s'agit d'une attitude qui se développe progressivement. La plupart des croyants ne se repentent pas complètement *au départ*, pour ensuite entamer une vie de foi – ils commencent à vivre par la foi en Christ, et ainsi commencent également à se repentir de leurs péchés. Et au fur et à mesure que nous grandissons en Christ, nous devenons de plus en plus conscients de notre besoin de repentance.

Cela signifie que nous sommes obligés de faire preuve de compassion même envers ceux qui souffrent à cause de leur propre péché. Dieu envoie des afflictions à son peuple à cause de leur péché, mais il est encore plein de compassion pour eux. Tous les chrétiens dans cette vie vont vraisemblablement pécher. Et Dieu, comme un parent punit son enfant, inflige de la souffrance à ses enfants parce qu'ils ont fait le mal. De telles souffrances ne constituent pas de simples représailles. Il existe une punition rétributive pour les incroyants (1 Thessaloniciens 2.16; Apocalypse 20, etc.), et cette souffrance punitive est absolument juste; elle correspond à la méchanceté qu'elle punit. Mais quand les enfants de Dieu souffrent pour avoir fait le mal, c'est dans un but de *restauration*. Parfois, nous appelons une telle punition un « châtiment », parce que c'est une punition qui purifie. Il semblerait en fait que Dieu est beaucoup plus diligent à punir ses propres enfants *dans cette vie*, qu'à punir les incroyants pour le péché. Rappelez-vous d'Hébreux 12.7-8 : Dieu vous traite comme ses fils; et si vous ne subissez pas de discipline, alors vous devez être illégitimes.

La discipline est également un thème de l'Apocalypse. Le livre de l'Apocalypse semble fascinant pour la plupart des chrétiens, mais reste dans l'ensemble un livre très mystérieux, plein de symbolisme étrange et de prophéties compliquées. Mais l'Apocalypse était censée être un livre très concret en fait, et ses chapitres d'introduction, quoiqu'effectivement riches en symboles et en métaphores, constituent un reproche évident adressé à plusieurs des églises d'Asie Mineure.

Dans Apocalypse 3.19, le Seigneur dit : « Moi, je reprends et je corrige tous ceux que j'aime. » Le contexte d'Apocalypse 3 concerne entre autres la nécessité de la souffrance. L'église de Laodicée avait cherché à éviter la souffrance en faisant des compromis. Cette église était composée de chrétiens tièdes (3.16). Jésus leur dit « d'acheter chez moi de l'or éprouvé par le feu… » (v.17). L'or « éprouvé par le feu » est une métaphore pour le caractère éprouvé par la souffrance (1 Pierre 3.7). Jésus désire que l'église de Laodicée accepte sa discipline.

Le problème est que la punition, même lorsqu'elle constitue un châtiment pour notre bien, n'est jamais facile à accepter, parce qu'elle implique que nous devons reconnaitre que nous avons mal agi. Mais le châtiment n'accomplit rien, jusqu'à ce que nous reconnaissions avoir mal agi, de sorte qu'il est tout à fait approprié de se poser la question suivante lorsque nous souffrons : « Est-ce la conséquence d'un péché que j'aurais commis? » Si c'est le cas, nous devrions cesser immédiatement de commettre ce péché, et être *reconnaissants* que Dieu ne nous laisse pas nous en tirer aussi facilement avec le péché. D'un autre côté, nous devons prendre garde de ne pas nous accuser nous-mêmes simplement parce que nous souffrons. Le châtiment n'est pas la seule raison de la souffrance.

Un signal d'alarme

Kim Gallagher, qui est allée à la même école que ma fille, est double médaillée olympique de la course de 800 mètres. Aujourd'hui, à 33 ans, elle a une fille de sept ans, et elle se meurt d'un cancer de l'estomac. Elle ne prétend pas savoir pourquoi elle a le cancer, mais elle affirme : « Le cancer m'a ramenée à une puissance supérieure. La seule manière de m'aider même un tout petit peu était de le donner à Dieu, et de le laisser s'en occuper[28]. »

Parfois, la souffrance est une mesure disciplinaire, non pas pour une chose *en particulier* que nous avons faite, mais une manière de nous réveiller de notre léthargie et de notre manque d'intérêt envers Dieu, ce qui est certainement une attitude de péché. Néhémie a prié : « Alors tu les as livrés entre les mains de leurs adversaires qui les opprimèrent. Mais, au temps de leur détresse, ils crièrent à toi; et toi, tu les as entendus du haut des cieux et dans ta grande compassion tu leur as donné des libérateurs qui les ont sauvés de la main de leurs adversaires » (Néhémie 9.27). La souffrance des Israélites les a réveillés par rapport à leur responsabilité envers Dieu. Ce sont leurs pères qui avaient péché, mais les enfants sont ceux qui ont été réveillés par la souffrance.

Dans les Écritures, il y a plusieurs exemples de la souffrance utilisée pour provoquer un réveil spirituel. Entre autres, l'accumulation de mésaventures a amené Ruben et les autres frères à finalement se repentir d'avoir maltraité Joseph. Vous pouvez lire ce récit dans Genèse 42-44.

C.S. Lewis a déclaré que Dieu nous parle à voix basse dans nos plaisirs, mais sa voix devient une clameur dans nos peines. « Elles sont le porte-voix dont Il se sert pour éveiller un monde sourd[29]. » Et nos oreilles ont besoin d'un mégaphone. Un de nos problèmes en tant qu'êtres humains déchus est notre réticence à voir notre propre besoin. Mon ami qui travaille avec des patients atteints du VIH me dit que lorsqu'un individu apprend qu'il est séropositif, sa première réaction est d'habitude un choc, suivi du déni. Les gens ne font généralement pas face à la dimension spirituelle de leur condition jusqu'à ce que la maladie s'installe et qu'ils commencent à en ressentir la douleur. Dieu utilise parfois la souffrance parce qu'il faut la douleur pour attendrir la conscience endurcie. Les croyants peuvent devenir presque aussi insensibles à la voix de Dieu que des incroyants, mais il est difficile d'ignorer la souffrance. Comme Richard Baxter l'a remarqué : « La souffrance fait sauter les verrous du cœur et permet à la Parole un accès beaucoup plus aisé[30]. »

Nous devrions noter cependant que la souffrance *en elle-même* ne mène pas à la repentance, ni à un réveil spirituel. De la même manière que lorsqu'ils font face à la mort, les gens réagissent à la souffrance en phases – le choc, le déni, la rébellion, la colère, la dépression, la honte et le repli sur soi. La repentance authentique n'est pas le produit de causes naturelles – c'est une œuvre surnaturelle du Saint-Esprit. Et même pour le chrétien, la repentance prend du temps, et les chrétiens passeront sans doute par ces mêmes phases. Mais le chrétien, celui qui connait réellement Dieu, reviendra toujours au problème de Dieu. Penser à Dieu et crier à lui est ce qui finalement amènera le cœur à s'examiner soi-même, et l'âme à s'ouvrir et à reconnaitre son besoin. C'est ainsi que le psalmiste s'écrie :

> Sonde-moi, ô Dieu, et connais mon cœur!
> Éprouve-moi, et connais mes préoccupations!
>
> Regarde si je suis sur une mauvaise voie,
> Et conduis-moi sur la voie de l'éternité!
> (Psaume 139.23-24)

À l'inverse, pour ceux qui pensaient être chrétiens, mais qui ne se sont jamais vraiment personnellement soumis à Dieu, qui ne sont pas soutenus par le Saint-Esprit, la souffrance clarifie simplement le fait que leur croyance n'était que superficielle.

De la même manière, la souffrance peut soit attirer les gens ensemble, soit les séparer. Stanley Hauerwas a mentionné dans son livre *Naming the Silences*[31] que la souffrance a tendance à isoler une personne, parce que la plupart des formes de souffrances sont uniques, et jamais vraiment semblables à la souffrance d'un autre. C'est ainsi que Jérémie s'est écrié : « Regardez et voyez s'il est une douleur pareille à ma douleur » (1.12). Les condoléances de la part de ceux qui n'ont pas connu le même genre de souffrance peuvent même empirer les choses. Il est plutôt étrange de penser que lorsque nous souffrons, nous désirons dans une certaine mesure les condoléances, et nous les redoutons en même temps. Mais bien que la souffrance puisse isoler, elle peut également rapprocher les gens. Ceux qui souffrent pour les mêmes raisons se retrouvent souvent, comme nous pouvons le voir dans le cas d'une catastrophe. Si notre souffrance est en Christ, même si elle est d'une certaine manière unique, il s'agit d'une souffrance *en Christ*, et dans ce sens, elle est semblable à la souffrance des autres *en Christ*. Une telle souffrance nous attire vers lui, et nous attire aussi vers les autres qui souffrent. Elle nous aide à les comprendre.

Ma grand-mère est morte de manière horrible des suites du cancer du sein, lorsque mon père n'avait que seize ans. Lorsqu'elle est décédée, mon grand-père était sorti pour se saouler, laissant mon père seul voir sa mère mourir. Beaucoup plus tard dans sa vie, Papa a été en mesure de me dire que la haine pour son père, du fait qu'il avait abandonné sa mère alors qu'elle avait le plus besoin de lui, avait duré bien des années, même après la mort de son père. Mais alors qu'il était dans la cinquantaine, Papa a eu le cancer. Dans sa propre souffrance, il a commencé à penser plus sérieusement aux exigences de Dieu, et il a finalement pu pardonner son père. Papa a enfin compris que son père était sorti pour s'enivrer parce qu'il souffrait lui-même, et n'avait pas les ressources spirituelles pour y faire face. La souffrance sans Dieu a fait de mon grand-père un alcoolique. Les souffrances de mon père ont été un outil que le Saint-Esprit a utilisé pour le rendre capable de comprendre les souffrances de Jésus, et ensuite compatir aux souffrances de son père. Le cancer a été son signal d'alarme, comme il l'a été aussi pour Kim Gallagher.

Rester sur nos gardes

Le pilote guide son appareil dans le brouillard, très attentif alors qu'il essaye d'atterrir uniquement grâce aux instruments de bord. Il aurait aussi bien pu ne pas avoir de fenêtres. Il vole en aveugle, et il dépend complètement de ses instruments et des signaux de la tour de contrôle. Altimètre, affirmatif. Vitesse, affirmatif. Volets, affirmatif, tangage et roulis, affirmatif, vérifier tous les indicateurs de navigation, affirmatif. Radar, affirmatif, affirmatif, affirmatif. Tout à coup, la visibilité revient, et une piste d'atterrissage se trouve juste en dessous de l'avion. L'atterrissage s'effectue sans danger.

Par beau temps, le pilote atterrit à vue et cesse de prêter attention à ce qu'il fait, parce que c'est si facile lorsqu'on peut *voir*. Par conséquent, il arrive un peu trop vite, et la secousse est un peu plus forte. La facilité apparente de piloter à vue a rendu le pilote un peu somnolent, alors qu'il aurait dû être sur ses gardes.

C'est la même chose dans nos vies spirituelles. Parfois, Dieu envoie un peu de brouillard pour que nous soyons attentifs à notre manière de voler. Mais il nous donne aussi des instruments très précis, à savoir la Bible et la prière. Remarquez que le grand apôtre des gentils était très *dépendant*, parce que Dieu laissait Satan le tourmenter :

... à cause de l'excellence de ces révélations, et pour que je ne sois pas enflé d'orgueil, il m'a été mis une écharde dans la chair, un ange de Satan pour me souffleter, pour que je ne sois pas enflé d'orgueil. Trois fois j'ai supplié le Seigneur de l'éloigner de moi, et il m'a dit : Ma grâce te suffit, car ma puissance s'accomplit dans la faiblesse. Je me glorifierai donc bien plus volontiers de mes faiblesses, afin que la puissance de Christ repose sur moi. C'est pourquoi je me plais dans les faiblesses, dans les outrages, dans les privations, dans les persécutions, dans les angoisses, pour Christ; en effet quand je suis faible, c'est alors que je suis fort. (2 Corinthiens 12.7-10)

Paul n'avait pas commis de péché particulier pour mériter cette « écharde dans la chair ». Dieu a permis à Satan de l'affliger uniquement pour l'empêcher de s'enorgueillir et d'oublier de qui il devait dépendre. Aussi triste que cela puisse être, nous aussi avons parfois besoin de l'aide d'un peu de souffrance, sinon nous tombons dans l'apathie ou l'orgueil. Grâces soient rendues à Dieu parce qu'il nous garde attentifs, même s'il doit envoyer la souffrance.

Pour poursuivre la réflexion :

1. Est-ce que toute souffrance est une forme de discipline? Sinon, comment distinguer la souffrance qui est une discipline, et les autres sortes de souffrances?

2. Dans votre expérience, êtes-vous d'abord devenu conscient de votre péché, pour ensuite vous repentir, puis croire en Christ, ou bien avez-vous premièrement cru en Christ, et avez découvert par la suite qu'il vous fallait vous repentir? Si c'est le second cas, comment comprenez-vous ce qui s'est passé?

3. Dieu a-t-il déjà envoyé quelque chose dans votre vie pour vous réveiller d'une léthargie spirituelle? Cela a-t-il fonctionné?

4. Avez-vous déjà éprouvé de la rancune du fait que Dieu vous gardait dépendant de lui? Pourquoi vous êtes-vous senti ainsi?

5. Comment pouvons-nous aider ceux qui souffrent, comme les sidatiques par exemple, et qui ont de la difficulté à reconnaitre leur péché? Comment pouvons-nous à la fois refuser d'approuver leur péché et créer une atmosphère d'acceptation et de soutien?

Chapitre 8

Pourquoi les chrétiens souffrent-ils? (4)

Se préparer pour la gloire

1 Pierre 1.6-7 fait l'étrange déclaration que nous devrions nous réjouir dans les souffrances :

> Vous en tressaillez d'allégresse, quoique vous soyez maintenant, pour un peu de temps, puisqu'il le faut, affligés par diverses épreuves, afin que votre foi éprouvée — bien plus précieuse que l'or périssable, cependant éprouvé par le feu — se trouve être un sujet de louange, de gloire et d'honneur, lors de la révélation de Jésus-Christ.

Comment quelqu'un peut-il *se réjouir* au milieu des souffrances? Je ne comprends pas parfaitement comment une telle chose est possible, mais nous pouvons noter que Pierre ne dit pas que nous devons nous réjouir *des* épreuves. Il ne nous est pas dit de devenir masochistes. Nous nous réjouissons plutôt parce que les souffrances sont utilisées pour notre bénéfice, et notre connaissance du fait que Dieu dit que nous sommes *approuvés* nous rend capables d'avoir une certaine forme de joie. Rappelez-vous que Job et Jésus lui-même ont été éprouvés parce que Dieu approuvait leurs voies.

Un peu plus tard, Pierre fait référence à la « fournaise qui sévit » à laquelle ses lecteurs font face (4.12). Quelle est l'utilité d'un tel test par l'épreuve? S'agit-il, comme le suggère James Crenshaw, d'un moyen que Dieu utilise pour obtenir une certaine connaissance qui lui manque, à savoir comment les hommes et les femmes agiront dans des circonstances éprouvantes[32]? Dieu a-t-il besoin de nous tester pour découvrir si nous déciderons, en tant qu'êtres humains, de faire le bien même quand les circonstances deviennent difficiles?

Non – Pierre ne suggère aucunement dans son épître que Dieu ne sait pas ce que nous sommes, et qu'il doit par conséquent nous éprouver pour le savoir. C'est plutôt *nous* qui ne savons pas qui nous sommes, et qui avons donc besoin d'être éprouvés. Comme l'athlète que l'entraineur pousse continuellement à battre ses propres records, afin que l'athlète puisse voir lui-même jusqu'où il peut aller, de la même manière, nous sommes poussés vers nos limites, afin que nous nous connaissions nous-mêmes.

L'épreuve nous relie également à Jésus-Christ. Remarquez de quelle manière les chrétiens, des pierres vivantes, sont connectés à Jésus, la pierre précieuse et choisie dont il est question dans 1 Pierre 2.6. Pierre cite Ésaïe 28.16, et le mot original n'est pas « choisie », mais « éprouvée ». Dieu n'avait certainement pas besoin d'éprouver Jésus pour découvrir son vrai caractère, mais l'épreuve a effectivement montré au reste du monde le caractère de Jésus.

Pierre avait peut-être également à l'esprit un aspect de ce qui a été démontré par Job. Il se peut que Dieu soit en train de montrer à l'univers spirituel quelle merveille il a créée en son peuple en Jésus-Christ – il montre aux anges, et peut-être même à Satan à quel point sa grâce a été efficace dans nos vies (voir Éphésiens 3.10).

Mais que le monde des esprits soit ou non visé, 1 Pierre 1.7 indique que la démonstration du test de notre foi est précieuse. Bien qu'une telle chose ne soit pas visible à partir de la traduction un peu plus haut, sur le plan grammatical ce n'est pas la foi elle-même qui est précieuse, bien que l'épreuve de la foi démontre en fait sa qualité, mais il s'agit plutôt de la *démonstration* de la foi qui est précieuse. L'épreuve est le moyen par lequel notre foi s'avère valide et authentique. Il s'agit donc d'un sujet de joie (1.6). La souffrance est toujours pénible, et l'idée n'est pas que nous devrions d'une certaine manière nous réjouir de la douleur, mais plutôt voir l'*objectif* de la souffrance, qui consiste à nous prouver que notre relation avec Jésus-Christ repose sur un fondement authentique. C'est la puissance de Dieu qui rend capable (v.5).

Cela signifie aussi que nous ne nous enfuyons pas lorsque nous sommes appelés à souffrir. Jack Kevorkian* ne serait pas en mesure de faire des affaires si personne ne croyait que la manière de composer avec la douleur consiste à l'éviter complètement – à tout prix. Cette option n'est pas envisageable pour les chrétiens. Ce n'est qu'en acceptant la discipline que nous pouvons vraiment nous identifier à Christ, parce qu'il est l'homme de douleur. Celui « qui vaincra », c'est-à-dire celui qui supporte la souffrance en Christ, s'assiéra avec Jésus sur le trône (Apocalypse 3.21). C'est d'ailleurs le contexte de la belle invitation de Jésus : « Voici! Je me tiens à la porte et je frappe. Si quelqu'un entend ma voix et ouvre la porte, j'entrerai chez lui, je souperai avec lui, et lui avec moi » (v.20). Il ne s'agit pas premièrement d'une invitation à devenir chrétien. C'est une invitation adressée au chrétien à accepter de s'identifier à Jésus au point d'accepter de participer aux souffrances de Christ, et ainsi de devenir un « vainqueur ».

---

* N.D.É. Jack Kevorkian, aussi connu sous le nom de « Dr Suicide » ou du « docteur de la mort », est un médecin américain réputé pour sa pratique de l'aide au suicide dans des cas médicaux graves.

Mais que se passe-t-il si nous échouons? Et si nous réagissons à la souffrance en maudissant Dieu, et en nous éloignant de lui? Dans ce cas, nous ne pouvons certainement pas considérer la preuve de notre *manque* de foi comme quelque chose de précieux. Pourtant, même dans ce cas, nous pouvons être reconnaissants que l'épreuve ait démontré que notre foi est faible, parce qu'elle nous montre de nouveau notre faiblesse et notre dépendance envers la grâce et la bonté de Dieu, et si nous connaissons vraiment le Seigneur Jésus, l'échec lui-même nous conduira à lui pour obtenir le pardon. Rappelez-vous que Pierre lui-même, lui qui nous dit que l'épreuve de notre foi est précieuse, sait ce que signifie d'échouer au test. Il a réagi à l'arrestation de Jésus en maudissant Dieu, et en s'éloignant de lui[33]. Mais après que Jésus lui ait pardonné, il est devenu encore plus passionné dans sa reconnaissance et son amour.

Pierre compare ce procédé d'épreuve à un raffinement. L'or est testé par le feu, et c'est ainsi que sa valeur est démontrée. De la même manière, l'épreuve de la foi est plus précieuse que l'or qui périt, et elle aussi est testée par le feu de la souffrance. L'or est le métal terrestre le moins périssable, mais puisqu'il appartient à ce monde, il l'est tout de même. La foi – authentique, éprouvée – ne l'est pas. Mais comme l'or n'est *raffiné* que par le feu, la foi aussi est purifiée par la souffrance.

La purification

Nous soumettons volontiers de la roche de valeur qui contient de l'or à un feu intense dans le but de séparer l'or des cailloux sans intérêt. De la même manière, Dieu est prêt à nous exposer à la souffrance dans le but, comme le dit l'auteur de l'hymne, dans : « brûler tes scories, et de raffiner ton or ». Une fois de plus, la souffrance n'est pas facile à supporter, parce que certaines de ces ordures nous semblent plutôt précieuses, et les consumer fait mal. De plus, bien souvent, nous ne comprenons pas le but de la souffrance. Il se peut que nous n'en voyions pas les effets bienfaisants.

Un jour j'ai entendu une histoire au sujet d'une petite fille qui a eu une poussée de fièvre qui montait de manière dangereuse. Pour éviter qu'elle subisse des dommages au cerveau, ses parents l'ont mise dans un bain froid, qui semblait aussi froid que de la glace pour la petite fille. La petite ne comprenait pas pourquoi ses parents la torturaient ainsi. Était-elle punie pour quelque chose de mal qu'elle avait fait? Et sinon, pourquoi Maman et Papa agissaient-ils ainsi? Elle ne comprenait pas, et ses parents ne pouvaient pas lui expliquer, mais c'était nécessaire pour débarrasser son corps de quelque chose de mauvais.

C.S. Lewis a écrit : « Supposez que vous ayez affaire à un chirurgien dont les intentions sont irréprochables. Plus il sera bon et consciencieux, plus inexorablement il procédera à l'opération[34]. » Lewis illustre très bien cette idée dans *L'Odyssée du passeur d'Aurore**, dans laquelle Eustache, le méchant petit garçon qui est maintenant prisonnier d'un corps de dragon – le symbole est approprié – doit laisser le lion Aslan retirer sa carcasse de dragon d'un coup de griffe. Ce qui lui permet de le supporter est l'amour sur le visage d'Aslan alors qu'il procède à la chirurgie. Il est merveilleux de se rappeler que Dieu n'est pas seulement le bon chirurgien; il a lui-même été sous le scalpel. Comme l'a dit T.S. Eliot : « L'acier du chirurgien blessé questionne la partie viciée[35]. »

---

* N.D.T. *Voyage of The Dawn Treader*

La souffrance, selon Pierre, est un peu comme un jugement par le feu (1 Pierre 1.7; 4.12). Le feu purifie l'or, mais il consume les résidus (y compris ceux qui brillent!). Les chrétiens endurent le feu parce qu'il brûle ce qui n'est pas glorieux. Un rocher qui contient de l'or est aussi banal et informe que n'importe quel autre rocher, mais l'or pur qui subsiste après le feu est magnifique et précieux. Comment cette purification se produit-elle? Elle se produit parce que la souffrance suscitée par le Saint-Esprit purifie notre vieille nature pécheresse, le *moi* égoïste qui veut être le centre de l'univers. Ce *moi* égoïste est progressivement tué par la souffrance, ce qui permet à l'Esprit de Jésus en nous de se manifester davantage. Paul dit dans 2 Corinthiens 4.11 : « Car nous qui vivons, nous sommes sans cesse livrés à la mort à cause de Jésus, afin que la vie de Jésus se manifeste aussi dans notre chair mortelle. » Une telle mort quotidienne (1 Corinthiens 15.31) est certainement désagréable; mais elle est nécessaire.

Le sevrage du monde

L'histoire de l'Exode dans le livre du même nom nous donne un paradigme pour cet aspect de la souffrance. Dieu a vu la souffrance de son peuple (Exode 3.7), et l'a délivré. Mais pourquoi a-t-il permis que son peuple souffre en premier lieu? Est-ce qu'il n'aurait pas pu simplement l'éviter?

S'il avait agi ainsi, les Israélites auraient-ils voulu quitter l'Égypte? Il était déjà difficile de les faire partir au milieu de la souffrance. De la même manière, nous avons de la difficulté à laisser de côté les trésors de ce monde mauvais, même lorsque nous souffrons. Combien plus difficile encore serait-il de désirer les nouveaux cieux et la nouvelle terre si nos vies étaient confortables ici-bas?

Comme l'a observé Augustin, nous voyons les choses à l'envers. Nous devrions nous réjouir en Dieu, et en ceux qui portent son image (les gens), et utiliser les choses de ce monde. Nous préférons utiliser Dieu et les gens, et nous réjouir dans les choses de ce monde. La souffrance nous sèvre de notions aussi aberrantes. Joni Eareckson Tada est bien vivante et pleine d'énergie, mais emprisonnée dans un corps qui ne réagit pas vraiment comme elle le voudrait. Il lui est difficile de se réjouir dans les choses de ce monde. Elle dit qu'elle *aspire* à l'héritage à venir – un corps restauré. En réalité, Joni dit qu'elle aspire encore plus au jour où elle sera totalement délivrée du péché. À mon avis, le fait qu'elle ait les yeux tellement fixés sur le futur est ce qui lui permet de ne pas sombrer dans l'apitoiement sur soi, et d'être utilisée si efficacement par le Seigneur.

James Dobson, dans la série *Focus on the Family* *, relate l'histoire d'un petit garçon malade, en phase terminale, qui de temps en temps s'écriait : « J'entends les cloches. » Ses infirmières pensaient d'abord qu'il hallucinait. Plus tard, sa mère a expliqué : « Je lui ai dit que lorsque la douleur devenait insoutenable, il pouvait se rappeler que Dieu commençait à faire sonner les cloches pour l'accueillir au ciel. » Il n'y a rien qui puisse, autant que la douleur, détourner l'attention d'un chrétien de cet âge pour l'amener à poser les regards fermement sur l'âge à venir.

Je crois que c'est peut-être une raison pour laquelle Dieu permet ce cas d'un enfant de quatre ans qui a été enlevé, alors que le juge a cru bon d'abandonner les charges. En ce qui me concerne, c'est un rappel important que les États-Unis, malgré tous les avantages et toutes les libertés (qui se détériorent sérieusement) qu'on y trouve, sont toujours un *territoire ennemi*. Nous ne sommes

---

* N.D.T. *Objectif Famille*

toujours pas arrivés à la maison, et nous ne devrions pas nous installer trop confortablement. Comme le dit 1 Pierre, nous sommes *étrangers et voyageurs.* Ce n'est pas notre terre natale.

La préparation pour la gloire

Lorsque Pierre parle des souffrances comme d'un test, il le fait dans le contexte de la préparation du chrétien pour son héritage éternel. Lisons de nouveau ce passage :

> Vous en tressaillez d'allégresse, quoique vous soyez maintenant, pour un peu de temps, puisqu'il le faut, affligés par diverses épreuves, afin que votre foi éprouvée — bien plus précieuse que l'or périssable, cependant éprouvé par le feu — se trouve être un sujet de louange, de gloire et d'honneur, lors de la révélation de Jésus-Christ. Vous l'aimez sans l'avoir vu. Sans le voir encore, vous croyez en lui et vous tressaillez d'une allégresse indicible et glorieuse, en remportant pour prix de votre foi le salut de vos âmes.

Ceci est relié à l'intention de sevrage de la souffrance, mais le passage insiste sur le fait que la souffrance nous prépare pour le poids de gloire. Paul dit quelque chose de similaire dans 2 Corinthiens 4.17-18 :

> Car un moment de légère affliction produit pour nous au-delà de toute mesure un poids éternel de gloire. Aussi nous regardons, non point aux choses visibles, mais à celles qui sont invisibles; car les choses visibles sont momentanées, et les invisibles sont éternelles.

Nous voyons la souffrance. Ce que nous ne voyons pas, c'est la gloire. Remarquez que Paul n'ignore pas, ou ne nie pas la réalité de la souffrance présente (visible), mais il comprend la souffrance actuelle et visible à la lumière de la gloire future invisible. Se confier en Dieu revient à agir selon ce que l'on sait par sa Parole, bien qu'on ne le voie pas.

En réalité, nous agissons ainsi constamment, tous les jours. Lorsque nous avons assez de courage pour aller chez le dentiste, et que nous nous asseyons dans cette chaise hideuse qui semble venir d'une salle de torture, ce que nous *voyons*, ce sont les différents instruments de torture (fraise, pics, aiguilles, projecteur d'interrogatoire, etc.). Mais nous savons d'une certaine manière que la douleur qui approche est pour notre bien. La confiance que nous accordons au Créateur fidèle (1 Pierre 4.19) est encore plus raisonnable, même lorsque nous faisons face à la destruction de notre corps. Rappelez-vous les mots de Job : « Même s'il me détruit, j'espérerai en lui. » Paul ajoute :

> Nous savons, en effet, que si notre demeure terrestre, qui n'est qu'une tente, est détruite, nous avons dans les cieux un édifice qui est l'ouvrage de Dieu, une demeure éternelle qui n'a pas été faite par la main des hommes. Aussi nous gémissons dans cette tente, désireux de revêtir notre domicile céleste par-dessus l'autre, si du moins nous sommes trouvés vêtus et non pas nus. Car tandis que nous sommes dans cette tente, nous gémissons, accablés, parce que nous voulons, non pas nous dévêtir, mais nous revêtir, afin que ce qui est mortel soit absorbé par la vie. Et celui qui nous a formés pour cela, c'est Dieu, qui nous a donné les arrhes de l'Esprit. (2 Corinthiens 5.1-5)

L'hiver 1994 a été mémorable dans l'est des États-Unis à cause de ses tempêtes de verglas. Les arbres ont été enrobés de couches de glace qui provoquaient parfois la chute de branches. Certains arbres, surtout ceux qui ont poussé un tant soit peu à l'abri des intempéries, n'ont pas survécu. Mais les arbres qui avaient été exposés aux vents et aux tempêtes ont résisté. Et ceux qui ont effectivement résisté étaient tout à fait glorieux sous leur fardeau de glace. L'adversité a préparé ces arbres pour leur poids de gloire. Si nous n'avons pas été préparés par l'adversité pour notre poids de gloire, comment tiendrons-nous sous ce poids?

> Si nous sommes des enfants, nous sommes donc des héritiers, et cohéritiers avec Christ, alors que nous souffrons unis avec lui, ce qui aura pour résultat d'être glorifiés en union avec lui. Parce que je considère que les souffrances que nous subissons maintenant ne sont rien comparées à la gloire qui sera révélée en nous (Romains 8.17-18, traduction de l'auteur).

Dans la vie, certaines choses ont la priorité sur d'autres. Ainsi, le bien des choses importantes a préséance sur le bien des choses moins importantes. Par exemple, nous devrions parfois renoncer aux plaisirs de manger une barre de chocolat (un bien passager) pour le bien supérieur de la santé du corps au complet. Parfois, il nous faudra même faire « souffrir » nos corps par de l'exercice exigeant, pour le même objectif. N'est-il pas approprié de renoncer au bien d'une vie sans douleur maintenant, pour le plus grand bien du poids éternel de gloire? Heureusement, nous n'avons pas le choix dans ce domaine, parce que nous choisirions probablement la vie sans douleur, et nous renoncerions à la gloire future (même si parfois, nous évitons d'aller chez le dentiste alors que nous devrions y aller), mais notre Père ne voit pas les choses ainsi, pas plus que des parents terrestres voient les choses comme leurs enfants.

Dans Romains 5.3-5, Paul explique ceci en termes de formation du caractère :

> Bien plus, nous nous glorifions même dans les tribulations, sachant que la tribulation produit la persévérance, la

persévérance une fidélité éprouvée, et la fidélité éprouvée
l'espérance. Or, l'espérance ne trompe pas, parce que
l'amour de Dieu est répandu dans nos cœurs par le Saint-
Esprit qui nous a été donné.

Tous ces effets positifs de la souffrance tiennent pour acquis que
celui qui souffre fait le lien entre sa souffrance et sa relation avec
Dieu à travers Christ. À moins que celui qui souffre s'attache à
Christ, il ne persévérera pas, et ne développera pas le caractère de
Jésus, mais perdra espoir, comme Élie Wiesel l'a fait. Et même si
certains persévèrent d'une certaine manière, et continuent
d'espérer en quelqu'un ou quelque chose d'autre que Jésus, leur
espoir les décevra *assurément* tôt ou tard, parce qu'ils n'auront pas
l'amour de Dieu déversé dans leur cœur par le Saint-Esprit.
Comme nous l'avons vu dans la première partie de ce chapitre,
Christ est au cœur de la signification de la souffrance du croyant.
La souffrance de Christ l'a uni à nous, et notre souffrance à son
tour nous lie à lui. C'est seulement en Christ que la souffrance du
chrétien prend son véritable sens.

Pour poursuivre la réflexion :

1. Avez-vous déjà rencontré quelqu'un qui a beaucoup souffert, et qui était pourtant plein de joie? Comment l'expliquez-vous?

2. Pourquoi est-il important d'être « sevré du monde »? Le monde n'est-il pas la création de Dieu? N'est-il pas bon, par conséquent?

3. À quel point vous sentez-vous chez vous dans ce monde? Si vous avez souffert, la souffrance vous a-t-elle préparé davantage pour votre destination éternelle? De quelle manière?

4. Énumérez d'autres manières de fonctionner par la confiance plutôt que par la vue. Puisque nous le faisons, pourquoi est-il parfois si difficile de faire confiance à Dieu?

Chapitre 9

Comment donc devrions-nous souffrir?

Il est facile pour nous d'élaborer des théories au sujet de la souffrance des chrétiens. Mais lorsque nous souffrons nous-mêmes, la théorie semble très lointaine, et insuffisante. Mon expérience de la douleur intense m'a réduit à un état semblable à celui d'un poisson qui s'agite frénétiquement hors de l'eau, qui essaie de trouver un moyen, n'importe lequel, pour faire cesser la douleur. Je ne pense pas être le seul à réagir ainsi. Non seulement avons-nous besoin de répondre au « pourquoi » de la souffrance, sans toutefois obtenir de réponse complète à tout coup, nous avons également besoin de demander « comment » nous devrions souffrir. D'un autre côté, nous ne pouvons pas répondre au « comment » sans faire référence au « pourquoi ». Nous ne cherchons pas une sorte d'aptitude stoïque à ignorer la souffrance; nous voulons en comprendre le sens. D'une certaine manière, nous avons besoin de garder à l'esprit à la fois le « pourquoi » et le « comment » de la souffrance. Ce chapitre tentera de répondre au « comment » de la souffrance en relation avec le « pourquoi ».

Appelés à souffrir

Souffrir est une vocation pour le chrétien – nous sommes appelés à souffrir. Un tract évangélique bien connu fait référence à la « vie abondante » dont jouit le chrétien. Cette approche donne parfois l'impression que la vie chrétienne est intrinsèquement plus agréable que la vie d'un incroyant. Mais il y a quantité de passages qui parlent du chrétien comme étant *celui qui souffre*, et cette réalité suggère qu'il ne s'agit peut-être pas d'une approche complètement honnête – nous devons à vrai dire nous attendre à ce que la vie soit *moins* agréable, du moins en ce qui concerne les circonstances extérieures. Dans Actes 14.22, Paul dit que c'est « par beaucoup de tribulations qu'il nous faut entrer dans le royaume de Dieu ». Le Nouveau Testament est plutôt constant dans ce domaine : Romains 8.17; 1 Corinthiens 12.26; Philippiens 1.29-30; 1 Thessaloniciens 2.14; 2 Timothée 3.12; 1 Pierre 3.14 et 5.1 indiquent tous que les chrétiens sont appelés par Dieu à souffrir, cela fait partie de la vie chrétienne. La souffrance est donc un *privilège* et un indicateur de l'élection (Matthieu 5.12; Actes 5.41; 1 Corinthiens 11.32; 2 Corinthiens 6.4-5; Galates 3.4; Colossiens 1.29; 2 Thessaloniciens 1.4-8; 1 Pierre 4.12-19). Pierre affirme même que souffrir à cause de Christ est un signe de la « faveur » de Dieu (1 Pierre 2.19-21). La vie chrétienne n'est pas une promenade de santé.

Nous ne sommes pas pour autant appelés à être lugubres. La joie de l'Évangile doit faire son chemin, même au milieu de nos souffrances. Nous ne sommes pas non plus appelés à nous infliger de la souffrance nous-mêmes, ou à la rechercher. Certains chrétiens ont parfois pensé que la souffrance que l'on s'inflige aide à purifier le corps du péché, mais Colossiens 2.20-23 affirme clairement que bien que ce genre de souffrance semble être utile, elle n'a pas véritablement de valeur. En réalité, la souffrance que l'on s'inflige à soi-même nourrit l'orgueil et la justification personnelle.

Notre appel consiste plutôt à *supporter la souffrance d'une certaine manière*. Comme le dit 1 Pierre, nous devrions souffrir comme un chrétien (4.16). La raison est que Christ a été appelé à souffrir, et l'a fait d'une manière bien précise. Christ n'a pas *pris plaisir* à la souffrance; il n'a pas recherché la souffrance en tant que telle; en réalité, il a même prié qu'elle lui soit évitée. Mais il ne s'est pas dérobé devant elle, et il savait aussi qu'elle était nécessaire. Dès que les disciples ont reconnu qui était vraiment Jésus, celui-ci a commencé à leur dire qu'il *devait* aller à Jérusalem, pour souffrir, mourir et ressusciter (voir Marc 8.34; etc.). Jusqu'à la toute fin, les disciples ont résisté à cette idée, mais Jésus leur a expliqué que s'il ne mourait pas (Matthieu 26.54), «comment donc s'accompliraient les Écritures, d'après lesquelles il doit en être ainsi?» La voie de Jésus vers le royaume de Dieu passait par la souffrance, la *via dolorosa*. Est-ce si étonnant que le chemin que nous devons emprunter pour parvenir au royaume de Dieu passe par la souffrance? Et pourtant, nous avons l'air surpris quand vient la souffrance. C'est probablement la raison pour laquelle Pierre nous rappelle : «Bien-aimés, ne soyez pas surpris de la fournaise qui sévit parmi vous pour vous éprouver, comme s'il vous arrivait quelque chose d'étrange» (1 Pierre 4.12).

Résister à l'oppression?

À mon avis, le fait de garder à l'esprit que nous sommes appelés à souffrir, mais pas à nous infliger la souffrance à nous-mêmes, nous permet de répondre à la question suivante : «Jusqu'à quel point devons-nous *résister* à la souffrance lorsqu'elle nous est imposée? Devons-nous accepter passivement l'oppression, ou nous rebeller contre elle? La réponse est ni l'un ni l'autre. Nous avons l'obligation de nous soumettre à la main de Dieu, et dans la mesure où il place une autorité au-dessus de nous, nous devons nous y soumettre (1 Pierre 2.13-20). Mais il ne nous est pas demandé de nous soumettre à l'oppression qui ne vient pas d'une autorité appropriée.

Une fois de plus, l'attitude de Jésus est éloquente. Il ne s'est pas laissé manipuler ou détruire par une foule en émeute (Luc 4.28-30). Mais il n'a pas non plus utilisé la force pour se soustraire à ses souffrances, lorsqu'elles provenaient des autorités légitimes, aussi dépravées et impies qu'elles puissent être.

> Lui qui, insulté, ne rendait pas l'insulte; souffrant, ne faisait pas de menaces, mais s'en remettait à Celui qui juge justement. (1 Pierre 2.23)

Pierre en fait mention lorsqu'il aborde la question de la soumission des esclaves à leurs maîtres, même envers ceux qui sont injustes ou durs. L'esclavage n'a pas été institué par Dieu, pas plus que l'impérialisme romain, mais c'est une forme de structure de l'autorité sociale humaine. Et le même modèle est conseillé pour chaque chrétien qui souffre (4.19). La rétribution appartient à Dieu (4.18). Ce modèle n'est pas vraiment *passif*, parce que le croyant devrait activement crier à Dieu pour être délivré, mais il ne constitue pas non plus une tentative de faire l'œuvre de jugement de Dieu à sa place.

Cette vérité, tout comme le sujet de la discipline, est *extrêmement* impopulaire aujourd'hui, et en rendra certainement plusieurs furieux. Personne ne veut être un « paillasson ». Des livres sont écrits pour démontrer que la première épître de Pierre ainsi que d'autres passages ne signifient pas exactement ce qu'ils semblent communiquer, et qu'en réalité nous devrions résister à l'oppression. Bien sûr, il y a de nombreux passages de l'Ancien Testament qui parlent de vaincre l'oppression, mais ils concernent notre responsabilité d'alléger l'oppression des *autres*, et non pas notre résistance par la force ou la violence face à notre propre oppression. Jésus n'a pas non plus permis qu'on l'utilise comme un paillasson – il n'a jamais laissé ses oppresseurs décider de la marche à suivre, mais il n'a pas non plus combattu la violence par la violence. C'est ce que nous devons faire; nous devons nous humilier sous la main puissante de *Dieu*. Les non-chrétiens de ce monde, qui ne se confient pas dans le Créateur fidèle, essaieront de résoudre leur oppression en prenant eux-mêmes les choses en main. Mais puisque nous sommes *appelés* à souffrir en tant que *chrétiens*, et que nous nous concentrons premièrement sur l'avenir, cela devrait signifier que notre attitude envers la souffrance change radicalement.

Souffrir comme l'a fait Jésus

Quelle est cette « manière particulière » selon laquelle nous sommes appelés à souffrir? Plus que tout, comme nous l'avons mentionné plus tôt, il s'agit de souffrir *en Christ*. Il est inutile d'essayer de supporter nos souffrances nous-mêmes; nous devons nous attacher à Christ. Cela semble facile lorsque nous ne souffrons pas. Mais ce n'est pas facile lorsque nous souffrons. Comment puis-je répondre à Dieu quand il semble qu'il me fait du mal?

Pierre nous a dit que Jésus nous a laissé un exemple (1 Pierre 2.21). Comment Jésus a-t-il réagi devant Dieu lorsqu'il semblait lui faire du mal? Il a prié honnêtement, et il a prié en utilisant les Psaumes. Il a dit franchement à Dieu à Gethsémané : « Je ne veux pas vivre une telle chose », mais il a pu lui dire aussi : « Cependant, non pas ce que je veux, mais ce que tu veux. » Et au sommet de sa douleur, de son abandon et de la souffrance sur l'instrument de torture le plus diabolique que le monde ancien ait inventé, Jésus s'est écrié : « Mon Dieu, mon Dieu, pourquoi m'as-tu abandonné? » Il ne s'agit pas d'une déclaration pieuse; c'est un cri d'angoisse. Ce n'est pas une requête pour une réponse intellectuelle et théologique qui expliquerait la nécessité d'une mort expiatoire – Jésus connaissait déjà tout cela. Il s'agissait plutôt d'un cri du cœur, selon les paroles exactes des Psaumes. Les Psaumes étaient la ressource de Jésus face à la souffrance. Si nous souffrons *en Christ*, nous devons réagir de la même manière que lui, par les Psaumes. Et les Psaumes sont à propos. Il n'existe aucune autre œuvre littéraire dans le monde qui couvre à ce point toute la gamme des émotions humaines. Les Psaumes ne sont pas que l'expression de la joie, de l'allégresse, de la confiance, de la reconnaissance et de l'espoir; ils expriment également l'angoisse, le désespoir, la colère, la douleur, la confusion et la tristesse jusqu'à la lie.

Prier les Psaumes

Heureusement, Dieu nous a donné les Psaumes. Plusieurs d'entre eux concernent l'enfant de Dieu qui souffre et qui crie à Dieu. Il existe même une catégorie particulière de psaumes que les érudits appellent les « psaumes de lamentation », et qui ont parfois une forme métrique différente des autres psaumes[36]. Un regard rapide à travers les Psaumes montre que tous ces passages sont des cris de détresse vers Dieu : Psaumes 4–7; 10–13; 22; 25; 28; 42–43; 55–57; 59–60; 64; 69–70; 74; 77; 79; 86; 88; 102; 123; 130; 137 et 140–143. Il y a aussi de beaux poèmes et des prières qui sont comme des psaumes dans Jérémie, Lamentations, Ésaïe, Ézéchiel, Daniel, Habaquq, et à bien d'autres endroits. Également, plusieurs psaumes de reconnaissance indiquent que le psalmiste *s'était trouvé* dans une situation difficile, et que Dieu l'a délivré de ses souffrances (9; 18; 30; etc.).

Qu'apprenons-nous de ces prières dans les Psaumes? Premièrement, nous y trouvons une parfaite honnêteté. Il nous arrive parfois d'être très en colère contre Dieu – et cela ne sert à rien de le cacher. Nous devons faire face à la *réalité*. L'injustice est très répandue – et nous ressentons ce qu'elle comporte de mauvais. En essayant d'éteindre cette colère et le sentiment qu'elle est mauvaise, nous embrassons non pas la piété chrétienne, mais plutôt une doctrine qui s'apparente au stoïcisme ou au bouddhisme. Et même si Dieu ne nous avait pas donné les Psaumes et l'exemple de Jésus, nous ne pourrions certainement pas le tromper, lui qui regarde au cœur.

La deuxième leçon est que le fait de crier de manière si honnête à Dieu est en réalité une expression de foi. On dirait que c'est précisément dans de tels moments que Dieu semble le plus silencieux. « Les cieux sont comme du bronze » par moments. Comme nous l'avons vu plus tôt dans le Psaume 88, le psalmiste ne conclut pas avec une expression d'espoir comme d'autres psaumes de lamentation peuvent le faire. Mais le fait même de crier à Dieu est une expression de foi. Job est demeuré fidèle, selon Dieu, même si son désespoir était très profond par moments. Lorsque nous souffrons au point de ne plus pouvoir dire avec foi : « je te fais confiance, Dieu », ce psaume est un beau cadeau. C'est un rappel que la foi peut être cachée, et quand même être authentique.

Troisièmement, ces prières nous rappellent que Dieu est encore Dieu. À part le Psaume 88, tous les psaumes de lamentation en viennent à un moment décisif où le psalmiste change du désespoir à un ton de confiance en Dieu. La tristesse est transformée, non pas en joie, mais en un espoir confiant et joyeux. C'est ce qui fait que ces psaumes sont une source de réconfort dans les moments de détresse. En les lisant, nous pouvons comme le psalmiste passer du désespoir à l'espoir, de l'incrédulité à la confiance, et de l'agitation au repos, parce que nous nous rappelons qui est Dieu.

Tous ces psaumes que j'ai énumérés plus tôt peuvent être une source de consolation pour celui qui souffre. Dans le chapitre suivant, je me concentrerai sur six psaumes en particulier, qui concernent la foi (13; 27), l'espérance (22; 42) et l'amour

(73; 131). Mais avant d'examiner ces psaumes, il nous faut d'abord préciser que nous les lisons en unité avec Christ, et en tant que membre de son corps, l'Église, et non pas parce que nous pouvons en nous-mêmes réclamer quoi que ce soit de Dieu.

Partager les souffrances de Christ par les Psaumes

Les Psaumes constituent une littérature très inspirante, et ont réconforté beaucoup de gens parce qu'ils expriment si bien la condition humaine. Mais ce qui rend le livre des Psaumes particulièrement important pour les chrétiens, est que Christ a prié ces psaumes. Certains des psaumes sont clairement reliés à Christ dans le Nouveau Testament. Christ a lui-même cité certains d'entre eux (particulièrement le Psaume 22 sur la croix). Mais puisqu'il a enseigné à ses disciples dans Luc 24.44-47 que la Loi, les Prophètes et *les Psaumes* le concernent, nous devons comprendre que tous les Psaumes sont liés à lui d'une manière ou d'une autre. Si nous sommes *en Christ*, si nous sommes liés à lui par alliance, alors nous pouvons aussi prier ces psaumes. C'est ainsi que nous devons souffrir comme Christ l'a fait, en priant ces psaumes comme des expressions de notre propre foi, notre espoir et notre amour.

Pour poursuivre la réflexion :

1. Que signifie le fait que les chrétiens sont « appelés à souffrir » ?

2. Pourquoi les ermites ascétiques de l'Église primitive essayaient-ils de s'infliger des souffrances? Pensez-vous que leurs efforts étaient erronés? Pourquoi? Avez-vous déjà vous-même tenté de vous faire souffrir? Était-ce bon ou utile?

3. Quelles sont les trois leçons que nous apprenons des Psaumes au sujet de la manière de souffrir? Pourquoi est-il important de se souvenir de ces leçons?

4. Que devriez-vous faire si vous êtes opprimés par des gens? Est-ce bien de résister à l'oppression? Si oui, dans quelles circonstances?

5. Quelles méthodes sont appropriées pour vaincre l'oppression infligée à d'autres? Par exemple, est-il bien de bloquer l'accès aux cliniques d'avortement?

Chapitre 10

Les Psaumes pour ceux qui souffrent

Philip Yancey affirme qu'il y a trois sentiments qui accentuent grandement la souffrance : la peur, le désespoir et la solitude[37]. La peur peut amplifier la souffrance dans notre esprit, au point où elle devient intolérable – non pas parce que la douleur elle-même est devenue insupportable, mais parce que la peur est si dévastatrice pour l'esprit. Le désespoir amène une personne à « abandonner » et à cesser de lutter, intensifiant de beaucoup la souffrance, comme dans le cas d'Élie Wiesel lorsque son père est mort. La solitude, même sans autre souffrance, est une situation misérable; et lorsque nous souffrons, la solitude empire chaque faiblesse parce que l'esprit comme le corps souffrent. « Celui qui souffre seul, souffre surtout par imagination[38]. » De plus, la souffrance augmente souvent la solitude, parce que ceux qui vont bien n'aiment pas aller à l'hôpital, et se faire rappeler leur propre vulnérabilité. Souffrir comporte aussi des stigmates parfois. Chaque époque stigmatise certains maux dont les gens ne parlent pas. Il y a cent ans, la maladie mentale portait ce stigmate. Aujourd'hui, il s'agit du sida. Souffrir devient un sujet de honte.

Paul a dit dans 1 Corinthiens 13 que trois choses demeurent : la foi, l'espérance et l'amour. Ce sont précisément ces choses qui peuvent vaincre la peur, le désespoir et la solitude. Dans ce chapitre, nous considérerons six psaumes démontrant que la foi peut vaincre la peur, l'espérance bannir le désespoir, et l'amour surmonter la solitude.

La foi conquiert la peur

Le **Psaume 13** est un exemple de la confiance en Dieu exprimée par le psalmiste qui vient à bout de sa confusion et de sa consternation face à l'inaction de Dieu. Son exclamation au début en est une que chaque personne qui souffre exprime à répétition : « Jusques à quand, Éternel! »

> Jusques à quand, Éternel! m'oublieras-tu sans cesse?
> Jusques à quand me cacheras-tu ta face?
> Jusques à quand aurai-je des soucis dans mon âme,
> Et chaque jour du chagrin dans mon cœur?
> Jusques à quand mon ennemi s'élèvera-t-il contre moi?
> Regarde, réponds-moi, Éternel, mon Dieu!
> Éclaire mes yeux,
> Afin que je ne m'endorme pas dans la mort,
> Afin que mon ennemi ne dise pas : Je l'ai vaincu!
> Et que mes adversaires ne soient pas dans l'allégresse, si je chancelle.
> Mais moi, j'ai confiance en ta bonté,
> Mon cœur est dans l'allégresse, à cause de ton salut;
> Je chanterai à l'Éternel, car il m'a fait du bien.

Ce psaume est très court, et il ne nous prend que quelques secondes pour le lire. Le psalmiste se plaint pendant quatre versets, et ensuite exprime deux versets d'assurance. Mais qui sait combien d'heures, de jours, de mois ou même d'années il a fallu au psalmiste pour passer du verset 4 au verset 5? Les deux premiers versets donnent certainement l'impression que le psalmiste a lutté avec sa souffrance pendant longtemps. Nous devrions également nous rappeler que ces psaumes étaient destinés à être chantés dans une liturgie, et non pas lus rapidement et en silence. Les quatre premiers versets étaient probablement lus lentement, à répétition, donnant amplement de temps pour s'arrêter sur le problème du silence de Dieu.

Remarquez également à quel point le psalmiste est honnête. Il est déconcerté par le fait que Dieu n'a pas répondu, et il ose rappeler à Dieu ses promesses. C'est comme s'il disait : « Il vaudrait mieux que tu interviennes, Dieu, ou mes ennemis vont triompher et cela ternirait ton image.» Mais bien qu'il n'ait pas encore reçu de réponse précise, il parvient à faire confiance à nouveau. Il est intéressant de noter de quelle manière il trouve la paix. Il se souvient de l'amour de Dieu, il se réjouit dans le salut de Dieu, et il se rappelle comment, dans le passé, Dieu a été bon envers lui. Pour le chrétien, ces vérités atteignent leur paroxysme en Jésus. En lui, nous voyons la manifestation parfaite de l'amour de Dieu, en ce que lorsque nous étions pécheurs dans notre rébellion contre Dieu, Christ a souffert et est mort pour nous. Nous voyons également en Jésus le salut de Dieu dans son intégralité, salut qui nous délivre de l'enfer que nous nous sommes créé nous-mêmes, et l'enfer vers lequel nous nous dirigions inexorablement. Ce n'est toujours pas facile, et plus l'épreuve est pénible, plus cela peut prendre de temps pour la traverser, mais le croyant peut et va éventuellement faire de nouveau confiance à Dieu. Vers qui d'autre un enfant de Dieu pourrait-il aller?

Le **Psaume 27** est un de ces psaumes bien-aimés à cause de sa manière d'exprimer la foi.

> L'Éternel est ma lumière et mon salut :
> De qui aurais-je crainte?
> L'Éternel est le refuge de ma vie :
> De qui aurais-je peur?
> Quand ceux qui font le mal s'approchent de moi,
> Pour dévorer ma chair,
> Mes adversaires et mes ennemis,

Ce sont eux qui trébuchent et qui tombent.
Si une armée se campait contre moi,
Mon cœur n'aurait aucune crainte;
Si une guerre s'élevait contre moi,
Je serais malgré cela plein de confiance.
Je demande à l'Éternel une chose, que je recherche
ardemment :
Habiter toute ma vie dans la maison de l'Éternel,
Pour contempler la magnificence de l'Éternel
Et pour admirer son temple.
Car il me protégera dans son tabernacle au jour du malheur,
Il me cachera sous l'abri de sa tente;
Il m'élèvera sur un rocher.
Et déjà ma tête s'élève sur mes ennemis qui m'entourent;
J'offrirai des sacrifices dans sa tente, des sacrifices
d'acclamation;
Je chanterai, je psalmodierai (en l'honneur) de l'Éternel.
Éternel! écoute ma voix, je t'invoque :
Fais-moi grâce et réponds-moi
Mon cœur dit de ta part : Cherchez ma face!
Je cherche ta face, ô Éternel!
Ne me cache pas ta face,
Ne repousse pas avec colère ton serviteur!
Tu es mon secours,
Ne me laisse pas, ne m'abandonne pas,
Dieu de mon salut!
Car mon père et ma mère m'abandonnent,
Mais l'Éternel me recueillera.
Éternel! enseigne-moi ta voie,
Conduis-moi dans le sentier de la droiture,
À cause de mes détracteurs.
Ne me livre pas au désir de mes adversaires,
Car il s'élève contre moi de faux témoins
Et l'on ne respire que la violence.
Oh! si je n'étais pas sûr de contempler la bonté de l'Éternel

Sur la terre des vivants!...
Espère en l'Éternel!
Fortifie-toi et que ton cœur s'affermisse!
Espère en l'Éternel!

Habituellement, nous lisons ce psaume comme s'il était enjoué, joyeux, à cause de ces beaux passages : « L'Éternel est ma lumière et mon salut : De qui aurais-je crainte? », et : « Espère en l'Éternel! Fortifie-toi et que ton cœur s'affermisse! Espère en l'Éternel! » Mais le corps du psaume montre que le psalmiste a de la difficulté à rester confiant. Remarquez toutes les possibilités terribles qu'il envisage : la guerre de tous côtés, des ennemis qui l'accusent faussement, ses propres parents qui l'abandonnent, et même Dieu qui se détourne de lui. Il répète : « Je n'aurai pas peur », précisément parce que la peur rôde autour de lui. Il conclut en disant : « Espère en l'Éternel », parce qu'il a de la difficulté à s'attendre à lui alors que la situation lui semble avoir déjà trop duré. La foi est importante seulement lorsque l'on fait face à des difficultés. Mais quand les difficultés surviennent, la foi est éminemment importante. C'est en « cherchant la face de Dieu », en écoutant sa voix, en nous attendant à sa présence, et en marchant dans ses voies que Dieu, notre lumière, bannit les ombres de la peur.

Jean Calvin a dit au sujet de ce psaume :

Nous trouvons certainement que toutes nos peurs viennent de cette source, l'anxiété au sujet de notre vie, alors que nous ne reconnaissons pas que Dieu nous préserve. Par conséquent, nous n'éprouvons aucune tranquillité tant que nous ne sommes pas persuadés que notre vie est suffisamment gardée, puisqu'elle est protégée par sa puissance omnipotente...

Bien d'autres psaumes rendent témoignage de la foi qui triomphe de la peur. Cette merveilleuse phrase dans le Psaume 23 l'exprime bien – « même si je dois passer par la vallée des ombres profondes, je ne crains aucun mal » (traduction de l'auteur). L'expression qui est habituellement traduite par « la vallée de l'ombre de la mort » ne communique probablement pas très bien les ténèbres menaçantes. Le verset ne signifie pas simplement « même si je dois mourir… », mais plutôt « même si je dois passer par des moments de doutes extrêmes, de désespoir, d'agonie, de souffrance et d'horreurs, je ne craindrai quand même aucun de ces maux, parce que tu es avec moi ». Certaines choses sont plus terrifiantes que la mort, mais même dans ces situations, nous pouvons, par la foi, ne craindre aucun mal. Même lorsque survient la souffrance, et même quand le mal menace de nous submerger, la victoire de Jésus est assurée.

L'espérance détruit le désespoir

La sagesse populaire dit : « Tant qu'il y a de la vie, il y a de l'espoir. » Il serait peut-être plus juste de dire : « Quand il y a de l'espoir, il y a de la vie. » Le désespoir anéantit la volonté de vivre, parce que sans espoir la vie est méprisable. D'un autre côté, celui qui a de l'espoir peut survivre une quantité incroyable de souffrances et de frustrations.

L'espoir est parfois mal compris. L'idée biblique au sujet de l'espérance n'est pas une vague notion de souhait, comme dans l'expression : « je l'espère »; il s'agit plutôt d'une attente de soulagement ou de délivrance future. C'est un espoir auquel on s'accroche, non pas quand tout va bien, mais précisément quand la situation est lugubre. La souffrance est la sombre toile de fond sur laquelle des rayons d'espoir peuvent briller dans toute leur gloire. C'est l'ombre qui met en évidence la lumière, qui la rend remarquable. Il n'y a que celui qui a souffert qui sache vraiment ce que c'est que d'espérer.

Une des grandes expressions de ce genre se trouve dans le **Psaume 22**. Remarquez que le psaume commence par des lamentations à cause du silence et de l'inaction de Dieu.

> Mon Dieu! mon Dieu! pourquoi m'as-tu abandonné?
> Mes paroles plaintives sont loin de me procurer le salut.
> Mon Dieu! je crie le jour, et tu ne réponds pas;
> La nuit, et je ne garde pas le silence. (v. 2-3)

Cette introduction est suivie d'un rappel historique :

> Pourtant tu es le Saint,
> Tu sièges au milieu des louanges d'Israël.
> En toi se confiaient nos pères;
> Ils se confiaient, et tu les délivrais.
> Ils criaient à toi et ils échappaient;
> Ils se confiaient en toi et ils n'étaient pas dans la honte.
> (v. 4-6)

Mais le psalmiste fait face à une « dissonance cognitive », une fracture entre ce qu'il sait au sujet de l'histoire de l'alliance, et ce qu'il voit dans son expérience.

> Et moi, je suis un ver et non un homme,
> Le déshonneur des humains et le méprisé du peuple.
> Tous ceux qui me voient se moquent de moi,
> Ils ouvrent les lèvres, hochent la tête :
> Remets (ton sort) à l'Éternel!
> L'Éternel le libérera,
> Il le délivrera, puisqu'il l'aime! (v. 7-9)

Mais il montre également une compréhension du fait que Dieu s'est impliqué personnellement dans sa vie.

> Oui, tu m'as tiré du ventre maternel,
> Tu m'as confié aux seins de ma mère;
> Sur toi, j'ai été jeté dès les entrailles maternelles,
> Dès le ventre de ma mère tu as été mon Dieu. (v. 10-11)

Cette partie est suivie de l'appel insistant à Dieu pour qu'il agisse :

> Ne t'éloigne pas de moi quand la détresse est proche,
> Quand personne ne vient à mon secours!
> De nombreux taureaux m'entourent,
> Des taureaux de Basan m'environnent.
> Ils ouvrent contre moi leur gueule,
> Comme un lion qui déchire et rugit.
> Je suis comme de l'eau qui s'écoule,
> Et tous mes os se disloquent;
> Mon cœur est comme de la cire,
> Il se fond au milieu de mes entrailles.
> Ma force se dessèche comme l'argile,
> Et ma langue s'attache à mon palais;
> Tu me réduis à la poussière de la mort.
> Car des chiens m'entourent,
> Une bande de scélérats rôdent autour de moi,
> Ils ont percé mes mains et mes pieds.
> Je compte tous mes os.
> Eux, ils observent, ils arrêtent leurs regards sur moi;
> Ils se partagent mes vêtements,
> Ils tirent au sort ma tunique.
> Et toi, Éternel, ne t'éloigne pas!
> Toi qui es ma force, viens en hâte à mon secours!
> Délivre mon âme de l'épée,
> Ma vie du pouvoir des chiens!
> Sauve-moi de la gueule du lion,
> Et des cornes du buffle!
> Tu m'as répondu! (v. 12-22)

Jusqu'ici, le psalmiste a plaidé auprès de Dieu, décrivant sa détresse, et suppliant Dieu de faire quelque chose. Mais le psalmiste conclut par un appel à louer Dieu pour ce qu'il *fera* dans le futur.

> Je publierai ton nom parmi mes frères,
> Je te louerai au milieu de l'assemblée.
> Vous qui craignez l'Éternel, louez-le!
> Vous, toute la descendance de Jacob, glorifiez-le!
> Tremblez devant lui, vous, toute la descendance d'Israël!
> Car il n'a ni mépris ni dédain pour les peines du malheureux,
> Et il ne lui cache pas sa face;
> Mais il l'écoute quand il crie à lui.
> Tu seras dans la grande assemblée la cause de mes louanges;
> J'accomplirai mes vœux en présence de ceux qui te craignent.
> Les humbles mangeront et se rassasieront,
> Ils loueront l'Éternel, ceux qui le cherchent.
> Que votre cœur vive à toujours!
> Toutes les extrémités de la terre se souviendront de l'Éternel et se tourneront vers lui;
> Toutes les familles des nations se prosterneront devant sa face.
> Car le règne est à l'Éternel,
> Il domine sur les nations.
> Tous les puissants de la terre mangeront et se prosterneront aussi;
> Devant lui plieront tous ceux qui descendent dans la poussière,
> Ceux qui ne peuvent conserver leur vie.
> La postérité lui rendra un culte;
> On parlera du Seigneur à la génération (future).
> On viendra annoncer sa justice
> Au peuple qui naîtra, car (l'Éternel) a agi. (v. 23-32)

Ce n'est pas un psaume confortable. Il s'agit d'un cri d'angoisse. Par moment, il se rapproche du désespoir. Mais l'espérance d'une libération future, basée non seulement sur ce que Dieu a fait dans le passé, mais plus particulièrement sur sa Parole, prend le dessus, et rend celui qui souffre capable de vaincre.

Une des raisons pour lesquelles ce psaume est important est qu'il est à la fois cité par Jésus, et appliqué à Jésus par certains auteurs du Nouveau Testament. Matthieu et Marc ont écrit qu'au sommet de son angoisse, Jésus s'est écrié : « Mon Dieu, mon Dieu, pourquoi m'as-tu abandonné? » Jésus a crié « pourquoi? » vers Dieu, tout comme nous. Il ne cherchait pas de l'information; il exprimait le fait qu'il se sentait abandonné et perdu. Si Jésus peut exprimer de tels sentiments profonds de désespoir et de perte à travers les paroles de ce psaume, alors nous qui sommes en Christ pouvons certainement exprimer les mêmes sentiments. Bien sûr, il y a une grande différence : Jésus a vraiment été abandonné par Dieu. Nous, tout comme le psalmiste, ne faisons que nous sentir ainsi. Mais la puissance de ce psaume vient de son introduction et de sa conclusion. Bien qu'il y ait de l'angoisse, l'espoir n'est jamais perdu. Même si le présent semble horrible au-delà de ce que les mots peuvent décrire, il y a de l'espoir, non pas parce que nous savons ce qui se passera, mais parce que Dieu est Dieu, et parce qu'il restaurera la justice en ce monde. Lorsqu'un conflit survient entre ce que nous voyons (le présent) et ce que nous savons (le futur), le croyant continue à retourner vers le futur, aussi difficile que cela puisse être. L'espérance qui est basée sur la Parole de Dieu est plus forte que n'importe quel désespoir, et sera reconnue.

Un de mes amis décrit de manière intéressante comment nous nous sentons lorsque vient la souffrance : « Je me *sens* comme si j'étais dans une machine qui me réduit en miettes, alors que Dieu se tient là, et continue à mettre de l'argent dans la machine pour qu'elle continue. La question est donc de savoir si je me fie à la Parole de Dieu ou à mes sentiments. » Le psalmiste exprime ses sentiments avec honnêteté, mais il croit aussi à la Parole de Dieu en fin de compte.

Le changement de perspective au verset 22 est particulièrement intéressant parce qu'Hébreux 2.12 nous dit que Jésus chante avec les frères, et cite ce verset. Jésus, selon ce que nous dit Hébreux, devait à la fois connaitre la souffrance et vivre avec l'espérance, tout comme nous. L'espérance que l'on peut voir n'est pas de l'espérance; Jésus devait, en tant qu'humain, vivre de l'espérance des promesses futures, et non selon ce qu'il possédait déjà (voir Hébreux 12.2). Il s'agit de la même position que celle dans laquelle nous sommes. C'est pour cette raison que Pierre a dit que Jésus nous a laissé un exemple de la manière de souffrir. Nous souffrons, comme Jésus l'a fait, et nous prions à ce sujet de la manière dont il l'a fait, avec les Psaumes.

Dans le **Psaume 42**, le psalmiste est si déprimé à cause de sa souffrance et de l'impression d'être abandonné qu'il doit s'ordonner à lui-même de garder une attitude d'espoir. Remarquez en particulier le refrain aux versets 6 et 12 : « Attends-toi à Dieu. »

> Comme une biche soupire après des courants d'eau,
> Ainsi mon âme soupire après toi, ô Dieu!
> Mon âme a soif de Dieu, du Dieu vivant :
> Quand irai-je et paraîtrai-je devant la face de Dieu?
> Mes larmes sont ma nourriture jour et nuit,
> Pendant qu'on me dit tout le temps :
> Où est ton Dieu?
> Voici pourtant ce dont je me souviens avec effusion de cœur :

Je marchais avec la foule
Et m'avançais avec elle vers la maison de Dieu,
Au milieu des acclamations et de la reconnaissance
D'une multitude en fête.
Pourquoi t'abats-tu, mon âme,
Et gémis-tu sur moi?
Attends-toi à Dieu, car je le célébrerai encore
Pour son salut.
Mon Dieu, mon âme est abattue à mon sujet :
C'est pourquoi, je me souviens de toi, depuis le pays du
Jourdain,
Depuis l'Hermon, depuis la montagne de Mitsear.
Un abîme appelle un autre abîme au bruit de tes cascades,
Toutes tes vagues et tous tes flots passent sur moi.
Le jour, l'Éternel m'accorde sa bienveillance;
La nuit, son cantique m'accompagne.
C'est une prière au Dieu de ma vie.
Je dis à Dieu, mon roc :
Pourquoi m'as-tu oublié?
Pourquoi dois-je marcher dans la tristesse,
Sous l'oppression de l'ennemi?
Mes os se brisent quand mes adversaires me déshonorent,
En me disant tout le temps : Où est ton Dieu?
Pourquoi t'abats-tu, mon âme, et gémis-tu sur moi?
Attends-toi à Dieu, car je le célébrerai encore;
Il est mon salut et mon Dieu.

Une des raisons pour lesquelles la souffrance est si dévastatrice est qu'elle produit une angoisse *mentale*. Nous devenons extrêmement déprimés lorsque Dieu permet que nous souffrions. D'un côté, le fait même de souffrir produit des doutes réels quant à l'amour de Dieu à notre égard. Et cela nous porte à croire que Dieu est très lointain. L'auteur du Psaume 42 ressent clairement une telle émotion. Il soupire après la présence rassurante de Dieu.

De nouveau, remarquez de quelle manière le psalmiste envisage l'avenir. Même s'il est trop découragé pour louer Dieu maintenant, il sait qu'il sera capable de le faire dans l'avenir, parce qu'il sait que Dieu le délivrera. C'est comme si ce qu'il sait par la foi (Dieu se soucie de lui) est en conflit avec ce qu'il voit se passer. Voyez comment les versets 9 et 10 sont différents.

> Le jour, l'Éternel m'accorde sa bienveillance;
> La nuit, son cantique m'accompagne.
> C'est une prière au Dieu de ma vie.
> Je dis à Dieu, mon roc :
> Pourquoi m'as-tu oublié?
> Pourquoi dois-je marcher dans la tristesse,
> Sous l'oppression de l'ennemi?

Mais l'espoir l'emporte! Le psalmiste se *rappelle* la fidélité de Dieu, et c'est ainsi qu'il gère sa dépression et sa souffrance : « Mon Dieu, mon âme est abattue à mon sujet : c'est pourquoi, je me souviens de toi... » Le Psaume 34 (un autre psaume qui est appliqué à Jésus) dit au verset 20 : « De nombreux malheurs (atteignent) le juste, mais de tous, l'Éternel le délivre. » Ainsi, même si la louange est future, elle est également là maintenant. Sans espérance, il ne pourrait y avoir aucune confiance, aucune louange envers Dieu; mais l'espérance véritable fait de la réalité future une réalité présente.

L'amour bannit la solitude

L'amour comporte des significations différentes pour différentes personnes, mais l'amour de Dieu signifie en tout cas qu'il ne laisse pas ses bien-aimés dans la solitude. Cela ne signifie pas qu'il n'adoucira jamais notre sanctification, bien que cela soit vrai, mais il ne nous laissera pas solitaires.

Ceux qui souffrent désirent de la compagnie. C'est une autre leçon que j'ai apprise de mon expérience avec les calculs aux reins. Alors que j'étais couché sur une civière à l'hôpital, mon collègue est venu et s'est assis avec moi. Il avait apporté un livre, et il est resté assis, à lire son livre. Je n'avais pas envie de parler. Je ne voulais pas qu'il parle. Mais j'ai vraiment apprécié le fait qu'il soit simplement là, à lire son livre. Mais parfois, nous nous retrouvons quelque part où personne ne vient s'asseoir avec nous. C'est dans de tels moments que nous avons besoin de nous rappeler que Dieu est là avec nous, et qu'il s'identifie à nous dans nos souffrances.

Bien que le Nouveau Testament énonce plus clairement ce point parce que nous voyons de quelle manière Dieu lui-même a connu notre souffrance, nous pouvons également lire dans les Psaumes comment l'amour de Dieu à notre égard et notre amour à l'égard de Dieu surmontent l'angoisse de la solitude dans la souffrance.

On en trouve un excellent exemple dans le **Psaume 73**. Ce psaume traite de la question du juste qui semble souffrir davantage que le méchant. La prospérité du méchant et la misère du juste menacent de miner la foi en Dieu du psalmiste. Mais l'amour est ce qui remet toutes choses en perspective.

Nous avons certainement l'impression que le méchant souffre *moins* et que le juste souffre davantage. La Bible énumère plusieurs raisons pour lesquelles c'est effectivement le cas. Premièrement, nous avons vu que Dieu corrige ceux qu'il aime. Deuxièmement, si le monde a haï Jésus, il haïra également ses frères et sœurs. Troisièmement, Satan est particulièrement zélé pour affliger le juste, comme ce fut le cas pour Job. Pour finir, les chrétiens sont bien plus torturés par les luttes intérieures contre le péché; chez le chrétien, la vieille nature pécheresse lutte contre la nouvelle nature juste, et cela peut également se manifester dans des circonstances extérieures. Et pourtant, cela semble aller à l'encontre de l'ordre moral de voir des gens méchants prospérer et des personnes pieuses souffrir, et une telle situation peut mener à la jalousie ou à la confusion. Le psalmiste est très honnête à ce sujet :

> Car je jalousais les insensés,
> En voyant la prospérité des méchants.
> Rien ne les tourmente jusqu'à leur mort,
> Et leur corps est replet;
> Ils n'ont aucune part à la peine des hommes,
> Ils ne sont pas frappés avec les humains.
> Aussi l'orgueil leur sert de collier,
> La violence est le vêtement qui les enveloppe;
> Leur figure est débordante de graisse,
> Les imaginations de leur cœur dépassent (la mesure).
> Ils raillent et parlent méchamment d'opprimer;
> Ils parlent haut,
> Ils élèvent leur bouche jusqu'aux cieux,
> Et leur langue se promène sur la terre.
> Voilà pourquoi son peuple en arrive là,
> On avale l'eau abondamment
> Et l'on dit : Comment Dieu (le) connaîtrait-il?
> Y a-t-il même de la connaissance chez le Très-Haut?
> Ainsi sont les méchants :
> Toujours tranquilles, ils accroissent (leur) richesse. (v. 3-12)

D'autre part, le psalmiste ne reçoit que douleur et tribulation en échange de sa droiture :

> C'est donc en vain que j'ai purifié mon cœur,
> Et que j'ai lavé mes mains dans l'innocence :
> Tout le jour je suis frappé,
> Tous les matins mon châtiment (est là). (v. 13-14)

Et pourtant, le psalmiste ne reste pas concentré sur les apparences présentes. Il sait aussi qu'il y a un avenir. Remarquez le tournant au verset 17 :

> Si je disais : Je veux m'exprimer comme (eux),
> Voici que je trahirais la race de tes enfants.
> J'ai donc réfléchi pour comprendre cela;
> Ce fut pénible à mes yeux,
> Jusqu'à ce que j'arrive aux sanctuaires de Dieu;
> Alors j'ai compris le sort final des méchants.
> Oui, tu les places sur des voies glissantes,
> Tu les précipites dans la tourmente.
> Comment! en un instant les voilà en (pleine) désolation,
> Ils sont à bout, achevés par l'épouvante!
> Comme un songe au réveil,
> Seigneur, à ton éveil, tu repousses leur image. (v. 15-20)

C'est en revenant dans la présence de Dieu que le psalmiste s'est rappelé la véritable situation. Sans la présence de Dieu, tout est vide de sens, tout n'est que stupidité :

> Lorsque mon cœur s'aigrissait,
> Et que je me sentais percé dans les reins,
> J'étais stupide et sans connaissance,
> Avec toi j'étais comme les bêtes. (v. 21-22)

Mais l'amour de Dieu ne dépend pas de nous, et lorsque nous réalisons que Dieu lui-même est notre part, nous n'avons plus besoin d'obtenir une réponse pour chacune de nos questions :

> Cependant je suis toujours avec toi,
> Tu m'as saisi la main droite;
> Tu me conduis par ton conseil,
> Puis tu me recevras dans la gloire.
> Qui d'autre ai-je au ciel?
> En dehors de toi, je n'ai aucun plaisir sur la terre.

Ma chair et mon cœur peuvent défaillir :
Dieu sera toujours le rocher de mon cœur et ma part.
Car voici que ceux qui s'éloignent de toi périssent;
Tu réduis au silence tous ceux qui te sont infidèles.
Pour moi, m'approcher de Dieu, c'est mon bien :
Je place mon refuge dans le Seigneur, l'Éternel,
Afin de raconter toutes tes œuvres. (v. 23-28)

Le psalmiste ne voit finalement pas la punition du méchant et la restauration du juste. Il ne fait que percevoir ce que réserve *l'avenir*. Son espoir est rétabli lorsqu'il se souvient de son premier amour. En fin de compte, c'est l'amour de Dieu envers le psalmiste, qui à son tour a évoqué son amour pour Dieu, et qui a triomphé. Si Dieu nous tient la main, il est impossible que nous soyons seuls. Si Dieu est notre conseiller, nous ne manquerons jamais de conseil et de réconfort.

Ceux qui sont riches parlent de leur « valeur nette ». Mais la véritable valeur ne vient pas des avoirs financiers ni de biens immobiliers, mais des relations. Si nous avons une relation profonde et sûre avec un Dieu infini, alors notre « valeur nette » est infinie. Pour l'exprimer dans les mots du psalmiste, si Dieu est notre part, notre héritage, en quoi aurions-nous besoin de biens temporaires et terrestres? Ainsi, pour l'âme en difficulté, il fait bon se tenir près de Dieu. Mais rappelez-vous que l'auteur de ce psaume n'est pas parvenu sans peine au point où il s'est réjoui simplement dans la présence de Dieu. Il lui a fallu mener bataille. Qui sait combien de temps cela a pris avant que l'auteur puisse enfin « entrer dans le sanctuaire de Dieu »?

Rappelez-vous à quel point les disciples de Jésus étaient désespérés après la crucifixion? Il semblait vraiment que le méchant avait gagné non seulement la bataille, mais aussi la guerre. Et pourtant, Marie-Madeleine, par *amour* pour Jésus, est venue à la tombe le jour de la résurrection de Jésus, simplement pour être auprès de sa dépouille. L'amour vaincra même quand la foi et l'espoir se flétrissent. Marie s'est certainement sentie confuse et désespérée, au point de ne pas même reconnaitre Jésus au début. Mais elle n'a jamais cessé de l'aimer. Elle avait l'attitude qui est exprimée dans un autre psaume, qui montre comment l'amour surmonte la souffrance. Il s'agit du Psaume 131.

Le **Psaume 131** est un poème très court qui va droit au but.

> Éternel! je n'ai ni un cœur arrogant, ni des regards hautains;
> Je ne m'engage pas dans des questions
> Trop grandes et trop merveilleuses pour moi.
> Loin de là, j'ai imposé le calme et le silence à mon âme,
> Comme un enfant sevré auprès de sa mère;
> Mon âme est en moi comme un enfant sevré.
> Israël, attends-toi à l'Éternel,
> Dès maintenant et à toujours!

Comment réagir dans les moments où Dieu est silencieux? Le psalmiste admet qu'il ne peut connaitre les détails du plan de Dieu, parce qu'il y a certains éléments que Dieu n'a pas révélés. Mais quoi qu'il en soit, il calme et apaise l'âme, comme un enfant sevré avec sa mère – non pas comme un bébé, qui ne connait que la chaleur et la nourriture, mais comme un enfant *sevré*, un enfant qui connait et fait complètement confiance à sa mère, et ne s'inquiète pas de ce que fait sa mère. Jusqu'à un certain point, les « pourquoi » de la souffrance seront toujours « trop grands et trop merveilleux pour moi ». Que Dieu nous aide à devenir semblables à de petits enfants, car, comme le dit Jésus, le royaume des cieux leur est réservé.

Pour poursuivre la réflexion :

1. Si vous avez connu la souffrance, la peur a-t-elle contribué à aggraver la situation? Et qu'en est-il de la solitude et du désespoir?

2. Comment pouvons-nous aider ceux qui souffrent à faire face à la peur, au désespoir et à la solitude?

3. Avez-vous un psaume préféré? Concerne-t-il la souffrance d'une manière ou d'une autre? Quels autres psaumes vous semblent propices pour faire face à la souffrance?

4. Dans plusieurs psaumes qui traitent de la souffrance, le futur et les promesses de Dieu concernant l'avenir ont une place prédominante. Pourquoi le futur est-il si important pour le croyant qui fait face à la souffrance? Pourquoi le passé est-il important?

5. Dans le livre de Ruth, Naomi se renomme elle-même « Amère », parce que Dieu a repris son abondance, et lui a laissé les mains vides. Comment feriez-vous pour consoler quelqu'un comme Naomi qui lutte avec l'amertume?

6. Certaines personnes avancent que le « pouvoir de la pensée positive » est une manière de faire face aux souffrances de la vie. En quoi la réponse biblique est-elle similaire et en quoi diffère-t-elle de la « pensée positive »?

Conclusion

Prendre Dieu au mot

Jésus a dit à ses disciples : « Prenez mon joug sur vous et recevez mes instructions, car je suis doux et humble de cœur, et vous trouverez du repos pour vos âmes. Car mon joug est aisé, et mon fardeau léger » (Matthieu 11.29-30). Le problème est que le joug ne semble pas toujours très aisé. Parfois nous le voyons comme un fardeau écrasant. Mais rappelez-vous la fonction d'un joug – il relie *deux* bœufs à la charrue. Si vous êtes liés au joug de Jésus, alors à qui êtes-vous reliés? Qui tire réellement? Être lié au même joug que Jésus signifie que nous partageons ses souffrances – et il partage les nôtres. Il a partagé notre chair corrompue et corruptible. Nous partageons sa résurrection et sa glorification. Qui y gagne? Si vous refusez son joug, qui implique souffrir dans cette vie, quelle est l'alternative? Bien que son joug puisse paraitre pénible par moments, il est extraordinairement facile et léger comparé à l'autre alternative qui consiste à porter un fardeau seul. Si souffrir me place sous le joug de Jésus, je suis prêt, Seigneur.

Nous pouvons ainsi dire avec le psalmiste, lorsque Dieu envoie la souffrance : « C'est par fidélité que tu m'as humilié » (Psaume 119.75).

Le mystère de la Providence

Lorsque nous expérimentons la souffrance, nous devons souvent reconnaitre que nous ne savons pas pourquoi Dieu permet qu'il en soit ainsi. Parfois (pas toujours), nous découvrons plus tard une raison pour une souffrance particulière qui nous permet de voir la providence de Dieu dans cette circonstance. Toutefois, la réponse à la souffrance alors qu'elle a lieu est souvent simplement : « tiens bon! », avec la promesse de Romains 8.28 que la providence de Dieu est *toujours* à l'œuvre, même si nous n'en sommes pas conscients à ce moment-là. Ce n'est pas toujours facile à accepter. Mais ce n'est pas non plus un « acte de foi » qui va à l'encontre de toute évidence. Plus que tout, nous avons le témoignage de la souffrance de Christ, qui donne de la perspective à nos propres souffrances. Mais parfois, nous voyons aussi à la fois dans nos propres vies et dans les Écritures la preuve que la souffrance est bénéfique.

Nous pouvons sans doute apprendre quelque chose de l'expérience de Jacob. Dans Genèse 42.36, Jacob s'écrie au milieu de ses problèmes considérables : « C'est sur moi que tout cela retombe. » Il semblait à Jacob que sa vie ne pouvait devenir plus misérable qu'à ce moment. Sa famille mourait de faim, son fils bien-aimé Joseph était mort (il le pensait), Siméon était parti, un gouverneur égyptien hostile demandait que son autre fils bien-aimé, Benjamin, aille en Égypte comme paiement pour obtenir plus de nourriture, et le reste de la famille était probablement perçu comme des voleurs, et devait choisir entre la prison et peut-être la mort en Égypte, ou bien la famine en Palestine. Mais en réalité, Dieu était en train de pourvoir d'une manière incroyable aux besoins de cette famille. Joseph n'était pas mort, et il était même le deuxième homme le plus important d'Égypte. Il planifiait non pas de les jeter en prison, mais de les délivrer et d'honorer toute sa famille.

Bien souvent, en fait la plupart du temps, nous ne voyons pas la situation dans son intégralité, et Dieu semble agir d'une manière qui ne nous semble pas utile. Nous pourrions être tentés de nous écrier : « C'est sur moi que tout cela retombe » au moment même où Dieu est le plus généreux et providentiel à notre égard. Combien de fois avons-nous demandé à Dieu : « Cela ne te préoccupe-t-il pas? » Quand les disciples dans le bateau ont posé cette question à Jésus (Marc 4.38), il a répondu : « Comment n'avez-vous pas de foi? » Cependant, Jésus a bel et bien calmé la tempête.

Lorsque vous faites face à vos souffrances, ou à celles des autres autour de vous, ne minimisez pas l'importance de la Parole de Dieu. Dans le Psaume 119.92, David dit : « Si ta loi n'avait fait mes délices, j'aurais alors péri dans mon malheur. » Quand Dieu envoie la souffrance, vous aurez une forte impression que Dieu vous a abandonné, qu'il vous outrage, et que la souffrance est parfaitement incompréhensible. C'est seulement en se rappelant la Parole de Dieu que l'on peut remettre toute chose en perspective. Je vous encourage à le faire *avant* que votre crise ne survienne.

Pour poursuivre la réflexion :

1. Pourquoi Jésus a-t-il utilisé l'image d'un joug pour décrire la vie de disciple?

2. Quels sont certains des mystères de votre vie? Comment y faites-vous face?

3. Avez-vous déjà pensé que tout s'élevait contre vous? Décrivez ce qui vous amenait à éprouver de tels sentiments. Si vous ne vous sentez plus ainsi, qu'est-ce qui a changé?

4. Quelle est la différence entre la confiance authentique en Dieu même lorsqu'il semble être contre nous, et un « acte de foi »?

5. Quels aspects de la souffrance dans votre propre vie n'ont pas été abordés dans ce livre? La Bible les aborde-t-elle? Expliquez.

Appendice

Quelques passages bibliques au sujet de la souffrance

La Bible est remplie de passages qui parlent de la souffrance, et la liste qui suit n'est en aucun cas exhaustive. Mais ce sont de bons passages à étudier dans notre recherche pour comprendre ce que signifie la souffrance et comment Dieu l'utilise dans nos vies.

Genèse 37, 39–50. Une histoire de la souffrance rédemptrice. Comment Dieu utilise la souffrance d'un homme (Joseph) pour remédier à la souffrance de toute une famille.

Exode 1–20. Comment Dieu délivre son peuple d'une grande souffrance en ayant la victoire sur ses oppresseurs.

Nombres 13–14. La souffrance à cause du péché. Comment les Israélites se sont rebellés contre Dieu et en conséquence sont devenus des réfugiés sans-abri pendant toute une génération.

Josué 7.1-5. Une nation entière souffre à cause du péché d'un individu.

Ruth. Comment Dieu a suscité amertume et vide, et a ensuite changé l'amertume en joie. Nous voyons aussi comment la fidélité et l'amour entre une belle-mère et une belle-fille les a rendues capables de faire face à leur souffrance jusqu'à ce que Dieu amène la délivrance.

1 Samuel 18–31. L'histoire d'un homme (David) qui a fermement placé sa confiance en Dieu, et qui a subi la persécution et l'exil pendant des années à cause de cette confiance.

1 et 2 Rois. Une histoire longue et triste se déroulant sur un grand nombre d'années d'infidélité grandissante, ponctuée ici et là de l'histoire de quelques individus fidèles, et qui mène en fin de compte à une dure punition infligée à toute une nation.

Job. Il y a beaucoup à apprendre au sujet de la nature et de la signification de la souffrance inexpliquée dans le livre de Job que nous ne pouvions aborder dans ce livre. Le livre de Job vaut la peine d'être étudié attentivement.

Psaumes. Tel que nous l'avons vu au chapitre 9, il y a beaucoup de psaumes qui parlent de la souffrance. Et il y en a encore bien d'autres qui ne touchent pas directement le sujet de la souffrance, mais dont l'expérience de la souffrance est l'arrière-plan. Une compréhension de plusieurs des psaumes peut être acquise en posant simplement la question : « En quoi l'expérience de souffrance de l'auteur, dans le passé, le présent, ou dans un futur menaçant, influence-t-il ce qu'il dit dans ce psaume? » Voici certains des psaumes qui se préoccupent principalement de la souffrance : 4–7; 10–13; 22; 25; 28; 42–43; 55–57; 59–60; 64; 69–70; 74; 77; 79; 86; 88; 102; 123; 130; 137; 140–43.

Ésaïe 53. La grande prophétie du serviteur de l'Éternel qui devait subir une souffrance rédemptrice pour le peuple de Dieu.

Jérémie 38. Un homme de Dieu souffre parce qu'il a dit la vérité au sujet de Dieu.

Lamentations. L'expression personnelle de Jérémie au sujet de la tristesse, de l'agonie et pourtant aussi de l'espoir, alors que le peuple de Dieu est puni pour son péché.

Jonas. Un prophète récalcitrant souffre afin qu'il apprenne le caractère de Dieu.

Matthieu 26–27; Marc 14–15; Luc 22–23; Jean 18–19. Cela peut sembler évident, mais l'histoire de la souffrance de Jésus renferme plusieurs leçons pour celui qui souffre, leçons qui sont parfois négligées. Jésus a subi la persécution de la part de son propre peuple, il a été trahi par un de ses proches, il a été abandonné, a subi la torture physique, la moquerie, l'humiliation, l'abandon de Dieu, et l'expérience de l'enfer – pour résumer, à peu près toutes les sortes de souffrances possibles. Si Jésus est notre exemple pour apprendre comment souffrir (1 Pierre 2.21), nous devrions l'observer attentivement.

Actes 21–28. Un récit de certaines des souffrances de Paul au nom de l'Évangile.

Philippiens 1.12-30. La confiance de Paul que ses souffrances ont un but qui est bon, et qu'il peut même déjà parfois le voir.

1 Thessaloniciens. Le contexte des gens qui venaient à la foi et persévéraient dans la foi était la souffrance. C'est aussi ce qui les a amenés à se concentrer sur la promesse future de la venue de Dieu en jugement.

Hébreux 4.14–5.10. Un exposé de la souffrance de Christ dans le jardin de Gethsémané avant son exécution, et qui l'a rendu capable d'être empathique à notre égard.

Hébreux 12. Dieu discipline ses enfants.

1 Pierre. Comme je l'ai mentionné précédemment, cette lettre concerne presque entièrement la signification de la souffrance chrétienne. La première épître de Pierre est très complexe, et ne cesse d'ajouter à la compréhension de ceux qui veulent l'étudier.

Apocalypse. Bien des chrétiens sont prudents vis-à-vis de ce livre, parce qu'il semble si bizarre. D'autres cherchent à « résoudre » le futur, en attribuant des significations spécifiques à chaque symbole. Mais le message principal du livre est destiné à ceux qui souffrent, pour les encourager en leur rappelant que le plan souverain de Dieu est la toile de fond de la souffrance, et qu'il amènera tout à une conclusion satisfaisante.

Notes

Chapitre 1

1. New York, Harper, 1977

2. La seule exception possible est peut-être celle de la femme qui souffre d'une perte de sang depuis longtemps dans Marc 5.25-26, mais même dans ce cas, il est possible que la souffrance vienne des *médecins* qui ont abusé de sa détresse, l'ont saigné de tout son argent. De plus, comme Jésus l'indique dans Luc 13.16, les maladies physiques sont une forme d'oppression de la part de Satan. Les guérisons de Jésus, de même que ses exorcismes, étaient un signe de sa victoire sur Satan.

3. C.S. Lewis, *Apprendre la mort*, Paris, Les éditions du Cerf, 1974, p. 18.

4. Voir : G.W. Knight, *The Pastoral Epistles: A Commentary on the Greek Text*, Grand Rapids, Eerdmans, 1992, p. 146 et suivantes.

5. P. Kreeft, *Pourquoi Dieu nous fait-il souffrir?* Montréal, Éditions Paulines, 1993, p. 36-37.

Chapitre 2

6. L'histoire est racontée dans le livre de D. Ubelaker, *Bones: A Forensic Detective's Casebook*, New York, Harper, 1992, p. 124-27.

7. *Ibid.*, p. 117-18.

8. Harold S. Kushner, *Pourquoi le malheur frappe ceux qui ne le méritent pas*, Montréal et Paris, éditions Primeur et Sand, 1985.

9. *Ibid.*, p. 101.

10. Douglas John Hall, *God and Human Suffering: An Exercise in the Theology of the Cross*, Minneapolis, Augsburg, 1986.

11. P. Kreeft, *Pourquoi Dieu nous fait-il souffrir?*, Montréal, Éditions Paulines, 1993, p. 9.

12. Élie Wiesel, *La nuit*, Paris, Les éditions de minuit, 1958.

13. *Ibid.*, p. 60

14. *Ibid.*, p. 104-105

15. F. Mauriac, « Préface », de *La nuit* par Wiesel, p. 12.

Chapitre 3

16. *New York Times*, 7 mars 1997, A1.

17. Peter de Vries, *The Blood of the Lamb*, Boston, Little, Brown & Co., 1969.

18. *Ibid*, p. 104 [traduction libre].

19. D.A. Carson, *Jusques à quand? Réflexions sur le mal et la souffrance*, Sel & Lumière, trad. Michèle Schneider, Charols, Excelsis, 2005, p. 148-152.

20. S. Hauerwas, *Naming the Silences*, Grand Rapids, Eerdmans, 1990, p. 67.

21. Jan Christiaan Beker, *Suffering and Hope: The Biblical Vision and the Human Predicament*, Grand Rapids, Eerdmans, 1987, ix.

Chapitre 4

22. L'explication la plus complète pour la souffrance, qui préserve la souveraineté de Dieu, est peut-être la position de la « grande démonstration », qui prétend que Dieu permet le mal (incluant la souffrance) pour démontrer sa propre gloire et sa grâce à ses créatures douées de sentiments, les hommes et les anges (voir Jay Adams, *The Grand Demonstration: A Biblical Study of the So-Called Problem of Evil* [Santa Barbara, EastGate, 1991]). Il permet à ses enfants de souffrir afin de démontrer sa puissance en transformant le caractère d'humains qui ont connu la chute. Mais cette explication laisse quand même planer un mystère, puisqu'il n'est pas du tout évident pour nous de comprendre pourquoi les anges ou les hommes loueraient Dieu qui ne protège pas ceux qui se sont entièrement confiés en lui.

23. Job ne peut « mettre un anneau aux narines du Léviathan », mais cela implique que Dieu le peut. Le même langage est utilisé dans Ésaïe 37.29 pour parler du fait que Dieu exerce un contrôle complet sur Sennachérib, à qui Dieu dit : « Je mettrai ma boucle à tes narines, et mon mors à tes lèvres, et je te ferai retourner par le chemin par lequel tu es venu. »

24. D.A. Carson, *Jusques à quand? Réflexions sur le mal et la souffrance,* Sel & Lumière, Excelsis, 2005.

Chapitre 6

25. La position plus ancienne selon laquelle le passage fait référence à la prédication de Christ à des humains décédés, en Hadès, et en particulier à ceux décédés lors du Déluge, a récemment été défendue par L. Goppelt (*A Commentary on 1 Peter*, Grand Rapids, Eerdmans, 1993, p. 255-60). Mais cette idée est en conflit à la fois avec le contexte de la première épître de Pierre, et avec l'enseignement du reste du Nouveau Testament. Les gens n'ont pas de « deuxième chance » après la mort (voir Hébreux 9.27). De plus, il est difficile de concevoir comment une telle digression peut avoir constitué un encouragement pour les chrétiens vivant dans le nord de l'Asie Mineure, ou qu'elle puisse avoir été d'un quelconque intérêt pour eux.

26. C.S. Lewis, *Apprendre la mort*, Paris, Les éditions du Cerf, 1974, p. 63-64.

Chapitre 7

27. C.S. Lewis, *Le problème de la souffrance*, Bruges, Desclée de Brouwer et cie, 1950, p. 62-63.

28. Le récit du cancer de Kim Gallagher a été raconté par Elliott Almond, « Battling stomach cancer, she's another kind of race », dans le *Los Angeles Times*, publié de nouveau dans le *Philadelphia Inquirer*, 13 juin 1995.

29. C.S. Lewis, *Le problème de la souffrance*.

30. Richard Baxter, *Le ciel ou le vrai repos*, Chalon-sur-Saône, Europresse, 1992, p. 108.

31. S. Hauerwas, *Naming the Silences*, Grand Rapids, Eerdmans, 1990. (Traduction libre)

Chapitre 8

32. James Crenshaw, *A Whirlpool of Torments: Israelite Traditions of God as an Oppressive Presence*, Philadelphie, Fortress, 1984, p. 2.

33. C'est un des rares évènements qui se retrouvent dans les quatre Évangiles (Mt 26.69-75; Mc 14.66-72; Lc 22.54-71; Jn 18.25-27). L'Église primitive a vraisemblablement été marquée par le fait que le premier porte-parole du

christianisme, qui s'est réjoui de souffrir pour Christ (Ac 5.41), a échoué si lamentablement.

34. C.S. Lewis, *Apprendre la mort,* Paris, Les éditions du Cerf, 1974, p. 72.

35. T.S. Eliot, « East Coker » dans *Quatre quatuors, 1910-1930,* Paris, éditions du Seuil, p. 55.

36. Pour en savoir davantage au sujet des psaumes de lamentation, consultez l'article de Tremper Longman III, « Lament », dans *Cracking Old Testament Codes,* éd. D. Brent Dandy et R. L. Giese Jr., Nashville, Broadman and Holman, 1995, p. 197-215.

Chapitre 10

37. Philip Yancy, *Where Is God When It Hurts,* New York, Harper, 1977, p. 149-158.

38. Shakespeare, *Le roi Lear,* Acte quatrième, Scène VII.